小学校算数
「数学的な考え方」を育てる
ノート指導術

著者 小島 宏

教育出版

はじめに　頭の中をノートに写す

　数学的な考え方を育成することがいっそう重視されるようになってきています。そこで，ノートや学習シートに，「考え方を書かせるようにしたらどうだろうか？」と，ノート指導に力を入れる教師が増えています。

　また，学習指導要領の改訂で算数科の目標の一部が「考え，表現する能力（数学的な表現力）を育てる」となったことから，数学的な表現力を高めることを重視するようにもなってきました。すると，やはりノートや学習シートに，「自分の仕方や考え方の説明を書かせるようにしたらよいのではないか？」と，早速実践する教師もいます。

　ところが，数学的な思考力と数学的な表現力を育てることが，どのような関係にあるのか曖昧で，かつノート指導や学習シートの書かせ方に矮小化されていることに心配なことが少なからずあります。そこで，本書では，次の事柄を明らかにし，数学的な考え方（＝数学的な思考力＋数学的な表現力）を育てることとノート指導のあり方を簡潔かつ平易に整理してみました。

○「数学的な考え方」の一部に，したことや考えたこと，判断したことを表現（根拠を示した説明，証明）することが含まれている。
○表現するとは，単に図や式，表やグラフ，言葉で表現することだけではなく，仕方や考え方の説明，それらを基にして知的コミュニケーションをして学び合い，自分も学級全体も高まることを意味している。
○ノートや学習シートは，子どもの頭の中身を外に写し表に出すことであり，ここから新たな学習が始まる。
○無理のないノート指導によって，算数授業の質を高めたい。

　また，できるだけ，実際例を挙げて具体的に解説することに努めました（個人情報の保護や著作権の関連で，実物そのものを提示できなかったことはご理解ください）。一人でも多くの読者の目に留まることを期待しています。また，皆様の忌憚のないご批判やご意見をお待ちしています。

　強い思いだけで漠然とした構想を，このように素敵に整えてくださった出版企画部の青木佳之氏に対して，特に名を記して感謝申し上げます。

2012年5月　原発の安定と大震災からの復興を祈りつつ

著者　小島　宏

目　次

はじめに

第1章　ノートの役割 ——— 1

- ① なぜノート指導が重視されるのか？ ……… 2
- ② ノートの役割 ……… 4
- ③ 標準的なノートの記入例 ……… 8
- ④ 昔のノートと今のノートの違い ……… 9
- ⑤ 「きれいなノート」と「乱雑なノート」 ……… 12
- ⑥ 「考えるノート」と「ドリルのノート」 ……… 15

第2章　問題の理解と解決の見通しの記録 ——— 16

- ① 問題の理解と情景の理解 ……… 17
- ② ノートは既習事項の宝庫 ……… 18
- ③ ノートと教科書の併用 ……… 19
- ④ 書きながら解決の手がかりを見つけさせる ……… 20
- ⑤ 解決の手がかりを見つける「グチャグチャ表現」 ……… 21

第3章　したことや仕方，考えたことや考え方の一時預かり ——— 22

- ① 観察・実験，算数的活動の記録 ……… 23
- ② 自力解決の過程と結果の記録 ……… 26

第4章　自分の考え方の整理 ────────────── 30

- **1** 仕方や考え方の見直し……………………………………………………… 31
- **2** 仕方や考え方の整理 ……………………………………………………… 34
- **3** 学び合いのための準備（要約）………………………………………… 35

第5章　知的コミュニケーション ────────────── 38

- **1** コミュニケーションの三様 ……………………………………………… 39
- **2** 知的コミュニケーションの進め方 ……………………………………… 41
- **3** 知的コミュニケーション能力を高める10のポイント ……………… 47
- **4** 知的コミュニケーションのゴール ……………………………………… 53

第6章　学習したことのまとめ ────────────── 54

- **1** 学習のまとめの意義 ……………………………………………………… 55
- **2** ノートの「学習のまとめ」のさせ方 …………………………………… 59

第7章　学習感想 ────────────── 61

- **1** 自己評価 …………………………………………………………………… 62
- **2** 友達から学ぶ ……………………………………………………………… 64
- **3** メタ認知 …………………………………………………………………… 65

第8章　レポート・論文の作成 ────────────── 67

- **1** 説明を求める問題の提示 ………………………………………………… 68
- **2** 算数がどのように活用されているか調べてレポートを作成 ………… 72

- ③ 自分の考えを論文に作成 ··· 75

第9章　教師の指導とコメント ────────────── 80

- ① 質の高い授業あってのノート指導 ··· 81
- ② 基本的なことの指導とコメント ··· 83
- ③ 発達段階の考慮 ·· 85
- ④ 自力解決の段階の評価とコメント ··· 88
- ⑤ 回収後の指導とコメント ·· 90
- ⑥ ノートコンクール ·· 92
- ⑦ 自分流の勧め ·· 93
- ⑧ ノートと学習シートとのかかわり ··· 94

第10章　評価の観点「思考・判断・表現」と　　　　　　　　　　ノート指導のかかわり ────── 95

- ① 算数科における体験活動と言語活動の関係 ································ 96
- ② 「思考・判断・表現」と「数学的な考え方」との関連 ············· 99
- ③ 「数学的な思考力」と「数学的な表現力」との関連 ················· 100

第1章

ノートの役割

　小学校では，国語科はもちろんのこと各教科における言語活動の充実が求められている。それに伴って算数科においても表現力の育成が求められるようになった。これは，次のようなことを背景にしているものである。
　○学習指導要領算数科の目標の「数学的な考え方」の部分が，「見通しをもち筋道を立てて考える能力を育てる」から「見通しをもち筋道を立てて考え，表現する能力を育てる」に変更になり，「表現する能力」が加わった。
　○児童指導要録の評価の観点が，「思考・判断」から「思考・判断・表現」に変更になった。
　そして，このことがきっかけになって，算数科のノート指導への関心が高まったのである。この章では，ノート指導の基本的なことについて，以下の6つの視点から整理して，説明する。

　　1. なぜノート指導が重視されるのか？
　　2. ノートの役割
　　3. 標準的なノートの記入例
　　4. 昔のノートと今のノートの違い
　　5. 「きれいなノート」と「乱雑なノート」
　　6. 「考えるノート」と「ドリルのノート」

1 なぜノート指導が重視されるのか？

　近年，算数科など多くの教科でノート指導が注目され，ノート指導を重視する教師が増えている。これには，次のような背景が考えられ，これらがノート指導への関心を高めていったものと考えられる。

（1）　言語活動の充実
　中央教育審議会答申（平成20年1月17日）では，算数・数学科や理科等に関連して，知的活動の基盤としての言語の役割を「比較や分類，関連付けといった考えるための技法，帰納的な考え方や演繹的な考え方などを活用して説明する」と示している。
　また，算数・数学科の改善の基本方針では，「根拠を明らかにし筋道を立てて体系的に考えることや，言葉や数，式，図，表，グラフなどの相互の関連を理解し，それらを適切に用いて問題を解決したり，自分の考えを分かりやすく説明したり，互いに自分の考えを表現し伝え合ったりすることなどの指導を充実する」ことを具体的に求めている。

（2）　思考力・判断力・表現力の重視
　学校教育法（平成19年6月改正，第30条第2項）や小学校学習指導要領（平成20年3月，総則第1の1）の中で，学力の構成要素を「①基礎的・基本的な知識・技能，②これらを活用して課題を解決するために必要な思考力，判断力，表現力等，③主体的に学習に取り組む態度」と規定した。
　このことで，従来の「思考力・判断力」に加えて「表現力」を重視することへの関心が高まったのである。

（3）　算数科の目標の改訂
　算数科の目標（小学校学習指導要領第2章第3節算数：平成20年3月）の中に「表現する能力」が加わり，数学的な思考力のみならず数学的な表現力の育成に注目が集まった。このことにより，具体的には，問題の解決の仕方や考え方を書いたり説明したりすることへの関心が高まった。
　また，算数的活動「場面を式に表す活動（1学年）」「図や式に表し説明する活動（2学年）」「計算の仕方を考え説明する活動（3学年，5学年，6学年）」「面積の求め方を考え説明す

る活動（4学年，5学年）」「図形の性質を帰納的に考え説明したり，演繹的に考え説明したりする活動（5学年）」など，「表す，説明する」の例示も，大きく影響しているものと考えられる。

新しい算数科の目標（平成20年3月）	従前の算数科の目標（平成10年12月）
算数的活動を通して，数量や図形についての基礎的・基本的な知識及び技能を身に付け，日常の事象について見通しをもち筋道を立てて考え，表現する能力を育てるとともに，算数的活動の楽しさや数理的な処理のよさに気付き，進んで生活や学習に活用しようとする態度を育てる。	数量や図形についての算数的活動を通して，基礎的な知識と技能を身に付け，日常の事象について見通しをもち筋道を立てて考える能力を育てるとともに，活動の楽しさや数理的な処理のよさに気付き，進んで生活に生かそうとする態度を育てる。

（4） 評価の観点の変更（児童指導要録：平成22年5月）

児童指導要録が改訂され，従来の「思考・判断」が「思考・判断・表現」に変更になり，算数科の「数学的な考え方」も趣旨が一部変更になった。

新しい「数学的な考え方」の趣旨 （平成22年5月）	従前の「数学的な考え方」の趣旨 （平成14年2月）
日常の事象を数理的にとらえ，見通しをもち筋道立てて考え表現したり，そのことから考えを深めたりするなど，数学的な考え方の基礎を身に付けている。	算数的活動を通して，数学的な考え方の基礎を身に付け，見通しをもち筋道立てて考える。

つまり，評価の観点「数学的な考え方」は変わらなかったが，この観点で評価することの中に「表現し，それを基にして考えを深める」ことが加わっていることが読み取れる。

2　ノートの役割

　ここでは，ノートにはどのような役割があるのか整理してみたい。ノートの役割がある程度明確になれば，ノート指導の仕方もおのずからはっきりしてくるに違いないからである。ただし，ここに紹介した例は，あくまでもこのような役割が考えられるということで，これもあれもと子どもに要求する材料にせず，ノートには様々な使い方があるのだという程度に理解しておけば十分である。

（1）　黒板や教科書を写す―大事なことを記録し覚える―

　教師が板書したことや教科書の囲みなど，授業のまとめや意味（定義）や性質など大事なことを書き写し，後で読み返し，確認したり覚えたりすることに役立つ。

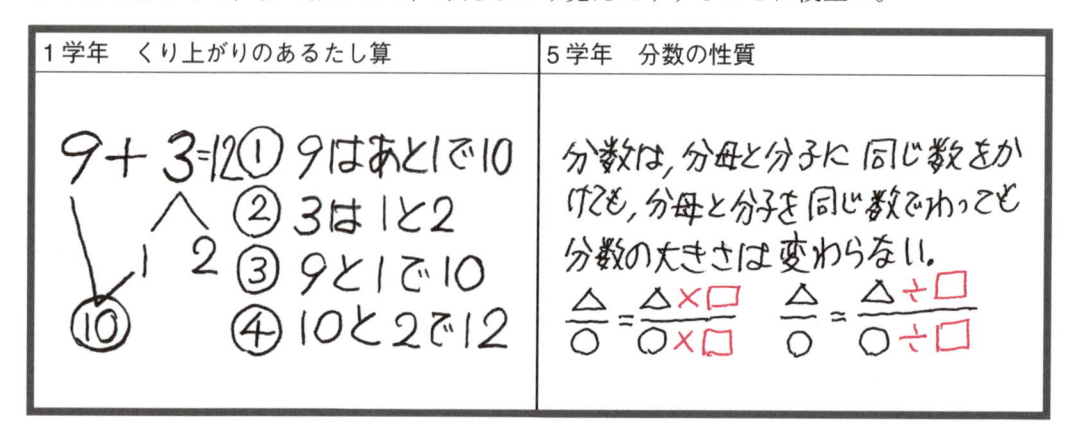

1学年　くり上がりのあるたし算	5学年　分数の性質

（2）　先生の話を要約する―説明を理解する―

　教師の説明を聴きながら，大事なことを要約して記録する。これは，説明を理解することにつながる。ただし，記録することに集中して，理解が曖昧になることがあるので，まずじっくり聴くようにさせる配慮が必要である。

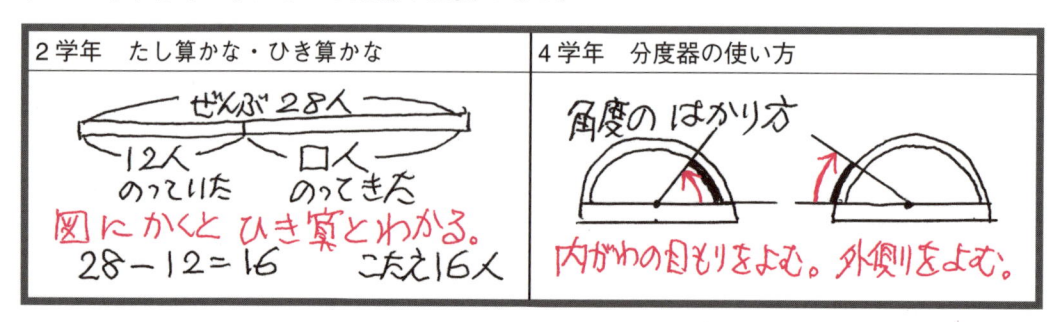

2学年　たし算かな・ひき算かな	4学年　分度器の使い方

第1章　ノートの役割

（3）　問題の解き方を書く―考え方を理解する―
　「式」と「答え」だけでなく，解き方の過程を書いておく。どのように考えたらよいのかを理解するのに役立つ。また，みんなで意見を出し合い学び合う際にもそれを見て発表することができる。

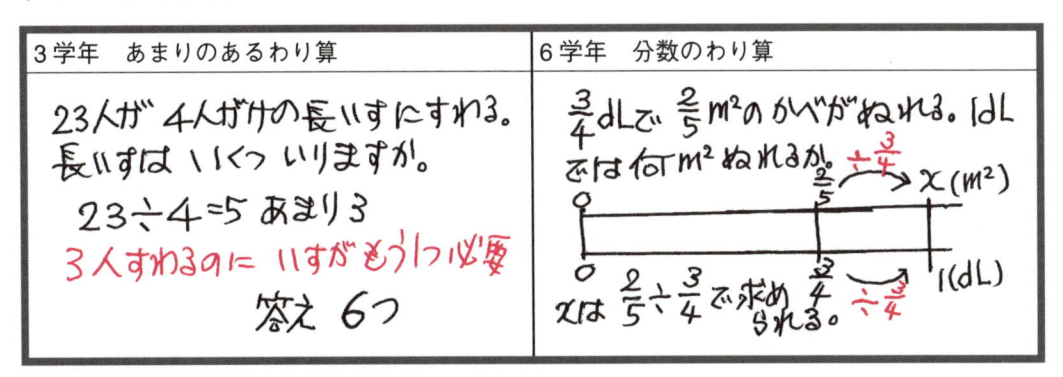

3学年　あまりのあるわり算	6学年　分数のわり算
23人が4人がけの長いすにすわる。長いすはいくついりますか。 23÷4＝5あまり3 3人すわるのにいすがもう1つ必要 答え　6つ	3/4 dLで 2/5 m²のかべがぬれる。1dLでは何m²ぬれるか。 （数直線の図） xは 2/5 ÷ 3/4 で求められる。

（4）　計算の仕方や作図の仕方などをまとめる―原理を理解し，仕方を覚える―
　アルゴリズム（機械的・形式的な処理の仕方）は，忘れがちである。そこで，計算の仕方や作図の仕方をまとめておくと，原理を理解し，仕方を覚えやすくなる。

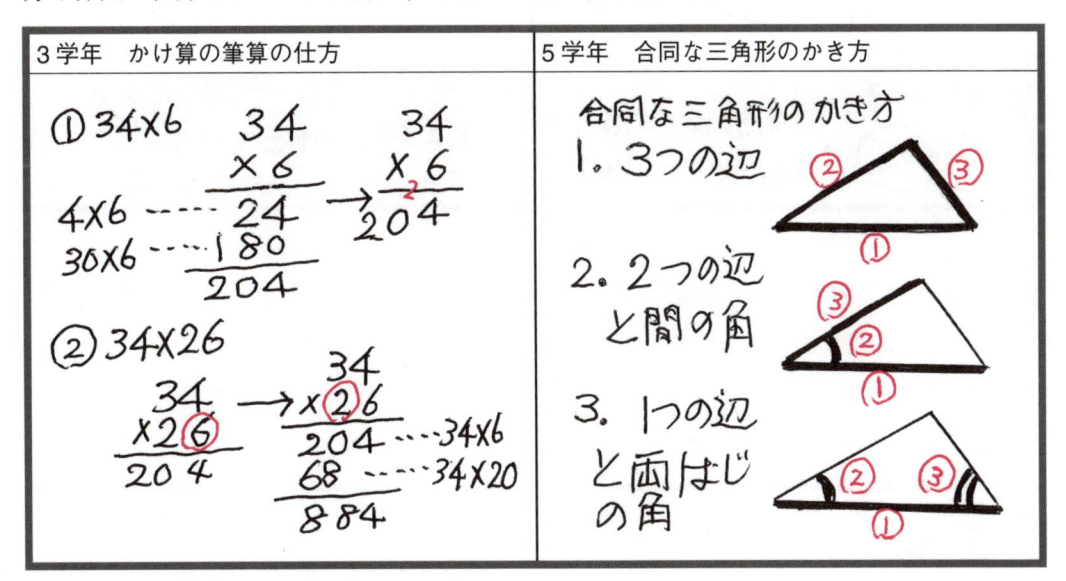

3学年　かけ算の筆算の仕方	5学年　合同な三角形のかき方
① 34×6 4×6 ―― 24 30×6 ―― 180 　　　　204 → 34 ×6 ＝ 204 ② 34×26 34×26＝204 → 34×26 　204 …… 34×6 　68 …… 34×20 　884	合同な三角形のかき方 1. 3つの辺 2. 2つの辺と間の角 3. 1つの辺と両はじの角

（5）　気付いたことをメモしておく―考える手がかりにする―
　よいことに気付いても，しばらくたつと忘れてしまい思い出せないことがある。そこで，気付いたことや見つけたことを簡単にメモしておくと，考える手がかりやきまりの発見に役立つことがある。

5

2学年　かけざん九九の作り方	4学年　わり算のきまり
9のだんは ぎゃくにするとすぐわかる。9×1は9の1つぶん、9×2は2×9、9×3は3×9、9×4は4×9、9×5は5×9、9×6は6×9、9×7は7×9、9×8は8×9、9×9は、9×8より9大きくして81	わり算では、わられる数とわる数に同じ数をかけても 同じ数でわっても商は変わりません。 120÷5＝24　　180÷60＝3 ↓×2　↓×2　　　↓÷10　↓÷10 240÷10＝24　　18÷6＝3

（6） 自分の考え方や友達の考え方を書く―考えを深める―

　問題の解決の仕方は多様である。どのように考えたのか自分の考え方を書いておく。また，友達の発表を聞いて，自分と異なる考え方があればそれも書いておく。すると，自分の思いつかなかった考え方が分かり，考えを深めることができる。

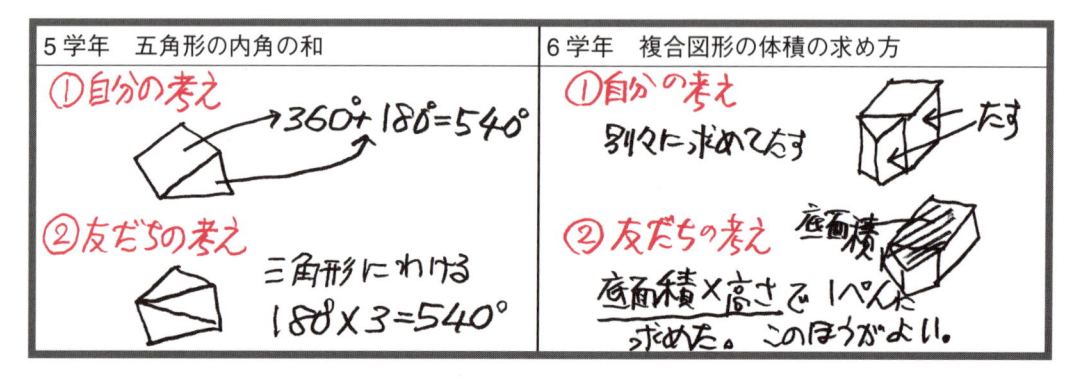

5学年　五角形の内角の和	6学年　複合図形の体積の求め方
①自分の考え　360°+180°=540° ②友だちの考え　三角形にわける 180°×3=540°	①自分の考え　別々に求めてたす ②友だちの考え　底面積×高さで1ぺんに求めた。このほうがよい。

（7） 調べたことや実験・観察したことを書く―調査や観察のまとめをする―

　調べたことを書いたり，実験や観察の結果を書いたりしておくと，それを基に様々なことが分かることがある。したがって，算数的活動をした後で，そのことをノートに記録させておくと役立つ。

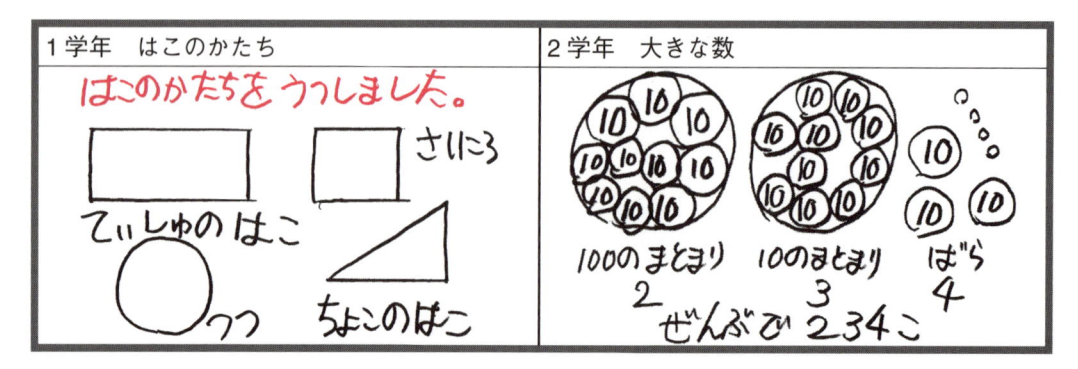

1学年　はこのかたち	2学年　大きな数
はこのかたちをうつしました。 てぃしゅのはこ　さいころ　ちょこのはこ	100のまとまり 2　10のまとまり 3　ばら 4　ぜんぶで 234こ

(8) 練習をする―練習して覚える・できるようにする―

ノートを計算練習や図形の作図の練習に使うこともある。同じようなことを繰り返し練習して覚えたり，できるようにしたりするのである。ただし，アルゴリズムの練習に子どもをいつまでもとどめておくことなく，ある程度できるようになったら，次の活用するステップに進ませることが重要である。

(9) 復習をする―忘れないようにする―

図形の意味（定義）や性質，単位の関係，割合の意味や求め方及び問題の解決，比例や反比例の意味や性質などは，ノートに書き出して復習することが大切である。ときどき振り返ることによって忘れないようにすることができる。

(10) 予習をする―授業を分かるようにする―

学習に必要な下調べをしたり，学習していることが生活の中でどのように使われているか調べたりし，書き留めておく。このことが，次の授業の予習となり，関心を高めるとともに授業を分かりやすくする効果がある。

(11) 学習したことを使って問題を解く―活用する力を付ける―

学習したことを覚えておくためには，無限の繰り返しドリルをする方法と，問題解決に活用しながら維持する方法がある。適切な学習方法は後者で，学習したことを問題解決に使いながら維持するとともに，既習事項を活用する力を付けることもできる。

(12) 学習の仕方や感想などを書く―自分の学習を振り返る―

学習の仕方（考えたか，よく分かったか，意見が言えたか）の振り返りや感想（学習内容についての驚き，自分の学習の進歩について，もっと学習したいこと，友達から学んだことなど）を書くこともある。子どもにとっては自己評価であり，教師にとっては子どもによる授業評価として活用できる。

(13) 興味のあることを学習する―自由学習をする―

子どもが自発的・主体的に興味・関心のあることについて自由学習をして，ノートに書いてくることがある。現在学習していることから少々離れていても，主体性や学習意欲を大きく認め，励ますようにしたい。

3 標準的なノートの記入例

算数科で現在多くの教師が採用している標準的なノートの記入例を、あくまでも1つの参考例として紹介する。これを、自分の算数授業で大事にしていることや学年の発達段階に即してアレンジして活用されたい。

子どものノートの例	解説
2/6(月) き 60ページ	①日付
みかんが 何こか あります。14こ かってきたので ぜんぶで 34こに なりました。みかんは、はじめに 何こ ありましたか。	②問題
もとめること → はじめのかず わかっていること → 14こかった ぜんぶ34こ しきにかいて こたえをもとめましょう。 ずにかいてかんがえる。	③学習の課題
あわせて34こ はじめ □こ　かった 14こ 　　　　　　　　　　　34 (しき) 34−14＝20　こたえ 20こ　−14 　　　　　　　　　　　　　　　　　20 (わけ) はじめの数 ＋14＝34 　だから 34−14でわかるから 　34−14＝20 と かきました。	④見通し ⑤自分の考え
(わかりやすい考え)　　←やまだ さん ○ ぜんぶの数 − かった数 ＝ はじめの数 ○ ぜんぶと かいて あっても ひき算(ず) 　　　　　　　　　←自分	⑥学び合い 気付いたこと 友達のよい考え
(まとめ) ○ ぜんぶと かいて あっても、ずにかいてみる とひき算とわかった。(自分でできた)	⑦学習のまとめ
(かんそう) 今日は、いつもとちがって、たし算のようで、ひき算だったので びっくりしました。ことばのときがよかった。	⑧感想 気付いたこと 感じたこと

4 昔のノートと今のノートの違い

　次に挙げるノートの例は，1955年ごろ，1980年ごろ，2011年の小学生のものである。ノートの記入の仕方は，子どもに育てたい「学力の中身」や教師の授業観の在り方によっても異なることがはっきりと読み取れる。

　したがって，ノート指導の前に，算数科で身に付けさせたい学力の中身や，どのような授業を進めるべきかを十分に研修するようにしたい。

（1）　1955年ごろの子ども（6学年）のノートの例

　学習指導要領が試案のころのノートである。担任教師が教科書（または板書した）の問題を読んで，どのように解決するか解説する。その後で，同様の問題を解決して，その答え合わせをする。つまずきがあれば，どこが間違っていたか説明し，さらに同様の問題に取り組むという授業である。(参考：小学校学習指導要領算数科編 p155：試案，昭和26年)

　現在でも，「教えて考えさせる授業」として一部で行われているが，教師が一方的に教え込むもので，新しく出合った問題（文部科学省学力調査B問題やPISA読解力などの問題）の解決をしたり，新しいことを学び取ったりする力は育ちにくいと言われている。

例題　600円の品物を2割5分引きで買うと，代金は何円か。

　割合が2割5分は25%のことで，百分率25%は分母が100の特別な分数の分子を用いて割合を表しているので，100分の25で，0.25をかければよい。　600 − 600 × 0.25 = 450　　答え 450円

問題1　800円の品物を2割5分引きで買うと，代金は何円か。

　　　800 − 800 × 0.25 = 600　　答え 600円
　　　または，800 × (1 − 0.25) = 800 × 0.75 = 600

問題2　1500円の品物を1割8分引きで買うと，代金は何円か。

　　　1500 − 1500 × 0.18 = 1230　　答え 1230円
　　　または，1500 × (1 − 0.18) = 1500 × 0.82 = 1230

（2） 1980年ごろの子ども（5学年）のノートの例

　このノートからは，割合の3つの公式を理解させ，問題の求答事項に応じて公式を使い分けるよう指導していることが読み取れる。この場合の求答事項は，もとにする量なので，もとにする量を求める公式を使っている。

問題　池の面積は 4500m² で，公園全体の 15% に当たります。公園全体の面積は何 m² ですか。

＜考え方＞
公式③にあてはめる

① （割合）＝（比べられる量）÷（もとにする量）
② （比べられる量）＝（もとにする量）×（割合）
③ （もとにする量）＝（比べられる量）÷（割合）

（もとにする量）＝（比べられる量）÷（割合）
　　　↑　　　　　　　↑　　　　　　　↑
　公園全体の面積　　池の面積　　　15％≒0.15

　　　　4500 ÷ 0.15 ＝ 30000　　　答え 30000m²

　また，次のノートからは，（比べられる量）＝（もとにする量）×（割合）の公式に当てはめて考えるように指導していることが分かる。この公式に分かっている数値を当てはめ，未知数の部分を□で表して式を立て，□に当てはまる数を求めるのである。一元一次方程式の発想をさせているのである。

　これは，もとにする量，比べられる量，割合の関係が分かっていれば，割合の3つの公式のうちの1つだけを使って考えればよいので，便利である。

問題　池の面積は 4500m² で，公園全体の 15% に当たります。公園全体の面積は何 m² ですか。

○ 求めること ────── 公園全体の面積
○ わかっていること ── 池の面積 4500m² は公園全体の15％

＜自分の考え＞　公式にあてはめる

（比べられる量）＝（もとにする量）×（割合）
　　　↑　　　　　　　↑　　　　　　↑
　池の面積4500m²　公園全体□m²　　15％(0.15)

＜式＞　□×0.15 ＝ 4500
　　　　□ ＝ 4500 ÷ 0.15 ＝ 30000　　答え 30000m²

第1章 ノートの役割

（3） 2011年の子ども（5学年）のノートの例

　割合の問題は理解するのが難しいとされている。そこで，子どもに考えさせても無理なので，このように解決すればよいと教え込みがちである。

　ところが，このノートを見ると，既習事項を活用して子ども自身に考えさせようとしていることがよく分かる。

　また，友達の考え方から学び取ったり，自分の考え方と比べたりして深めていることも読み取れる。

問題　デパートで，5000円の服を30%引きで売っています。何円で買えますか。

- 答えること　→　服の代金
- 分かっていること　→　服のねだん 5000円，30%引き
- 使えそうなこと　→　公式（比べられる量）=（基にする量）×（割合）

〈自分の考え〉　5000 − 5000 × 0.3 = 3500　答え（3500円）

〈友だちの考え〉
　酒井さん　5000 ×（1 − 0.3）= 3500　答え（3500円）
　加賀美さん

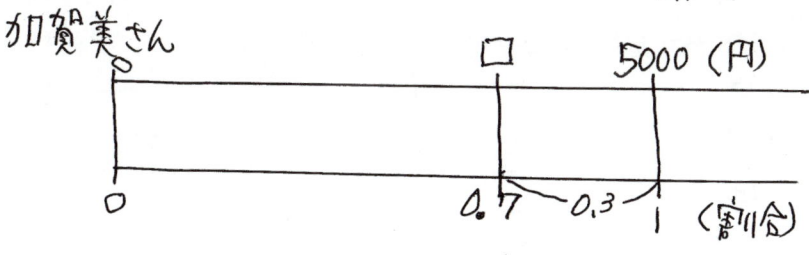

　　　　　　　　　　　□　　5000（円）
　0　　　　　　　　　0.7　0.3　1　（割合）
　　　　　　　　　　　↑
　　　　　　　　　　1 − 0.3

　　　5000 ×（1 − 0.3）= 5000 × 0.7 = 3500（円）

〈学習のまとめ〉
- 数直線を使うと式が立てやすい。
- 5000円の30%引きということは，5000円の70%で売っていることになる。　比べられる量 = 基にする量 × 割合
　　代金 = 5000 ×（1 − 0.3）

5 「きれいなノート」と「乱雑なノート」

　ノートの指導で，教師が子どもに投げかける言葉で意外と多いのが，「きれいに（分かりやすく）書きましょう」である。子どもに，このような表面的なことを求めると，ノート指導がねらいとしている「数学的な思考力」や「数学的な表現力」を高めることにつながりにくくなってしまうと思われる。

（1）　きれいなノートは目的ではない

　子どもに「きれいなノート」を，教師も保護者も求めがちである。しかし，きれいなノートを作ることを目的にしてはならない。

　次の2つのノートは，実に「きれいなノート」である。このノートであれば教師も保護者も満足するに違いない。ところが，この2つのノートを比べてみると，どちらも「きれいなノート」ではあるが，雲泥の差があることに気付くであろう。

　Yさんのノート　　　　　　　　　Rさんのノート

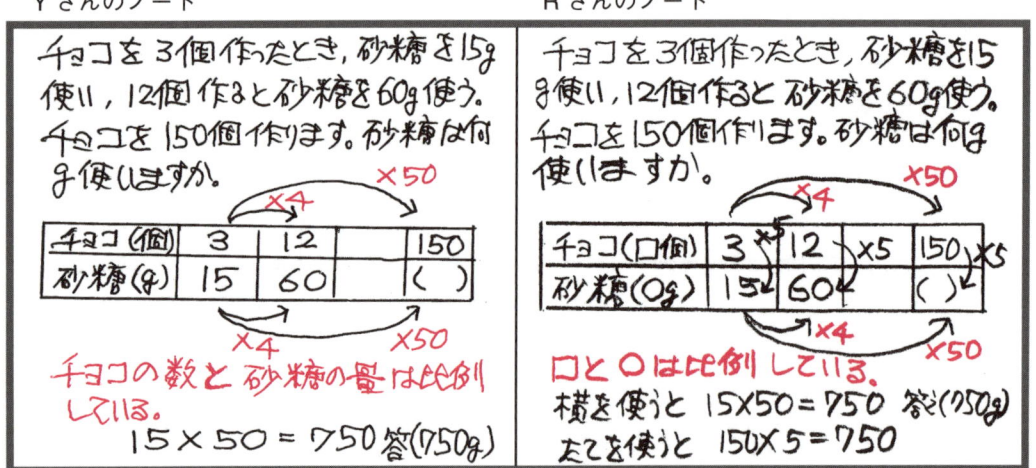

　Yさんのノートも Rさんのノートも，文字がきれいで図も丁寧に書いてあり，大きな花マルをあげたいくらいである。

　しかし，書いてある内容を比較してみると，Yさんのほうは，教師の板書を写し取っただけのようである。それに比べて，Rさんのほうは，解法の正しさを説明してあり，自分の考えをきちんと書いてあることが分かる。

　ノートは，きれいに書くことに越したことはないが，自分の考えや説明を書くなど，中身の濃いものにしていくことのほうが重要である。

（2） 乱雑なノートの中のキラリと光るもの

　教師が「きれいなノート」を子どもに求めるあまり，乱雑なノートの中に「キラリと光るもの」すなわち優れた発想が隠れていることを見逃す恐れがある。子どもに自信を持たせる機会を失うことがあってはならない。

Yさんのノート　　　　　Wさんのノート

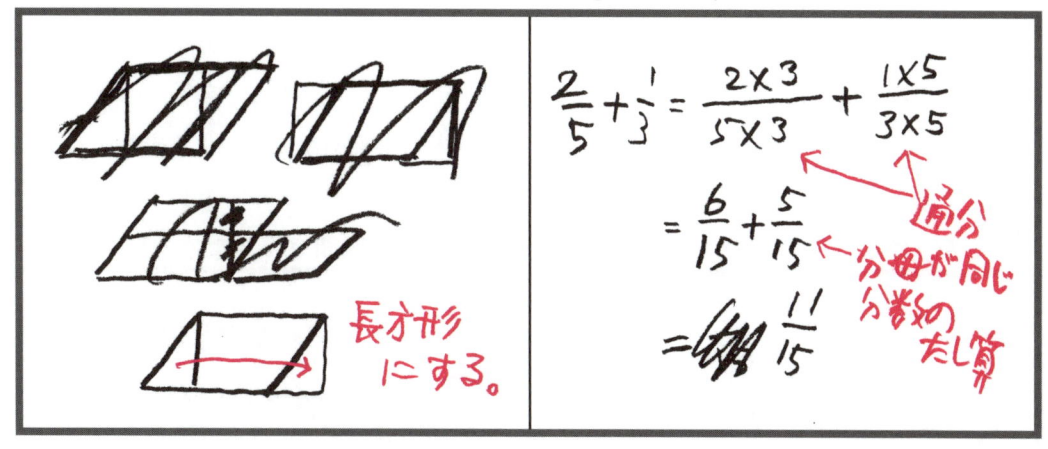

Kさんのノート　　　　　Gさんのノート

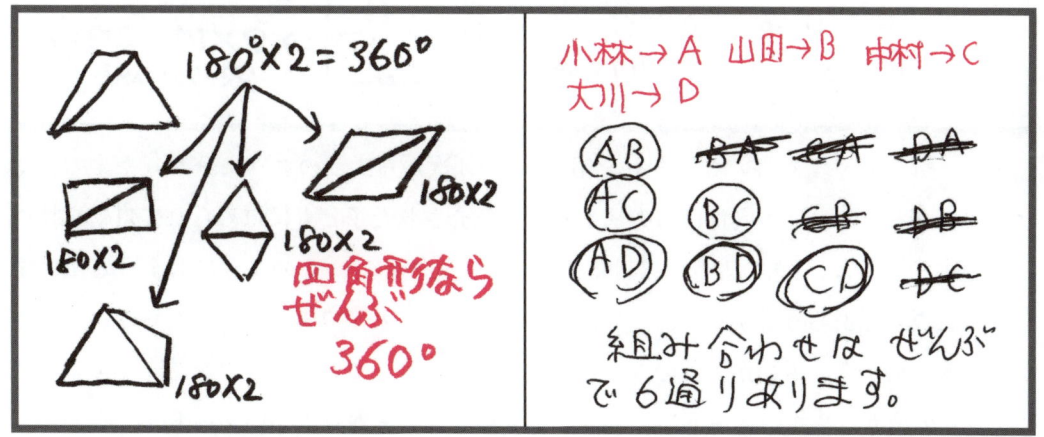

　一見乱雑で，「もっと丁寧に書きましょう」と注意されるようなノートであるが，丁寧に読み込んでみると次のようなよさのあることが分かる。教師は，見かけ上のよさではなく，ノートの記述内容に注目して，子どものよい点を見取り，大いに評価し，ほめて，質の高い指導をしなければならない。

　Yさん：解決の手がかりを得ようとしている。

　Wさん：これまで学習したこと（分かっていること）を使っている。

　Kさん：別の場合でもできるか確かめている。

　Gさん：記号化して考えやすくしている。

（3） 無理のない分かりやすさ

　教師は，「誰が読んでも分かるように書きましょうね」とか，「友達に分かるように説明しましょう」などと注文をつけることがある。もちろん，そのようにできれば申し分ないが，どのようにしたら解決できるか一所懸命に考えるのに精一杯で，どう説明したらよいかまで気が回らないのが現実である。

　分かりやすく書くことを指導したいときには，一度その子どもなりに書かせてみて，「なるほどよく考えて解決したね」と認めたうえで，「せっかくよい考え方をしたのだから，これを分かりやすく，ここへ書き直してみようか」と，再説明を促すようにするなど工夫が必要である。

Mさん〈はじめのノート〉　　　〈分かりやすく書き直したノート〉

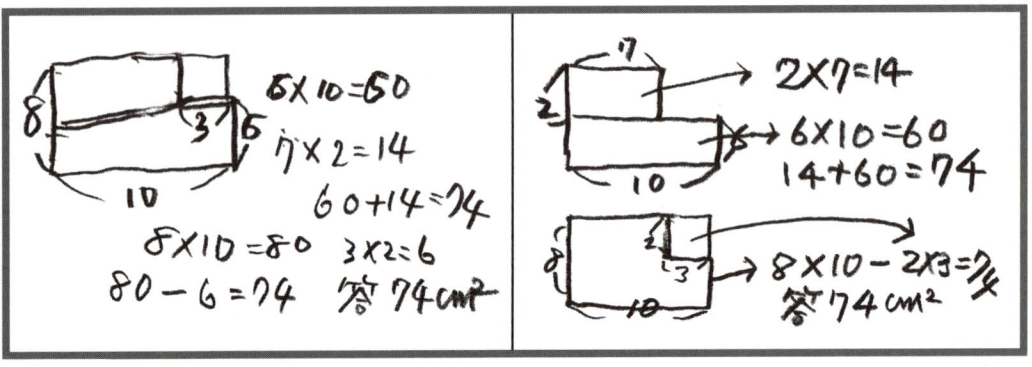

　また，分かりやすく書いたノートを紹介して，「次から，このように分かりやすく書くようにしましょう」と方向付ける方法もある。紹介された子どもはほめられて自信を持つし，他の子どもは，「あのように書けばよいのか」と納得し，そのようにしようと工夫するようになるであろう。すぐには，分かりやすく書くことができるようにならないが，よいものがどのようなものか実感できていれば徐々に進歩していくようになる。

Tさんの分かりやすいノート　　Bさんの分かりやすいノート

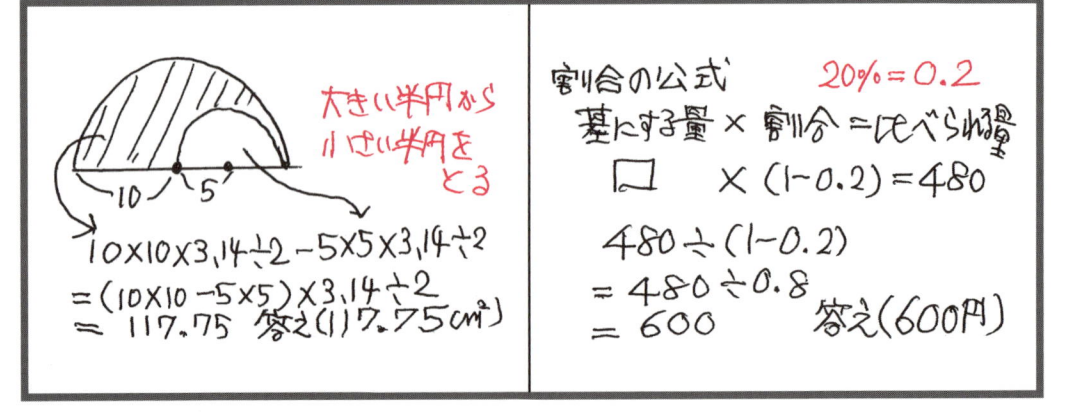

6 「考えるノート」と「ドリルのノート」

　ノートには，目的に応じて大別して，次のような3種類の使わせ方がある。できれば，考え方を書いたり，学習したことをまとめたりするなど問題解決学習のときに用いる「考えるノート」と，繰り返し練習して知識や技能を習得する「ドリルのノート」を区別させるようにしたい。極端なことを言えば，「ドリルのノート」は，チラシやカレンダーの裏紙をとじたものでも十分なのである。

① すべてを一冊のノートですませる例

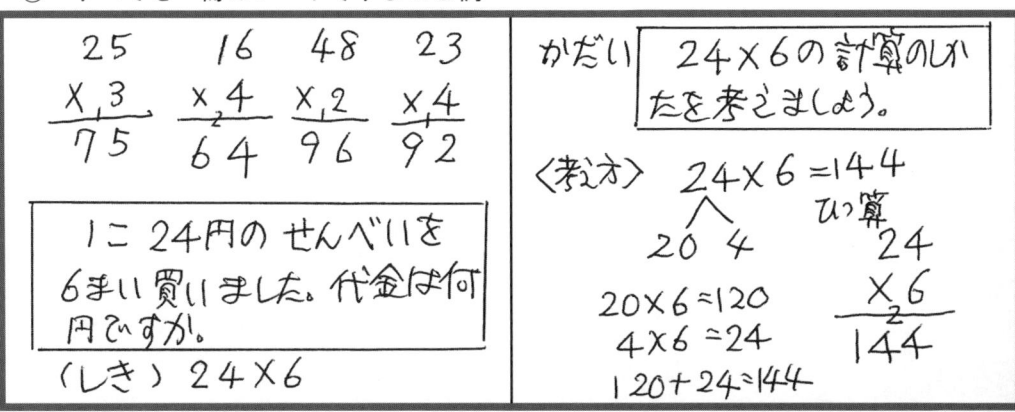

② 「考えるだけのノート」の例

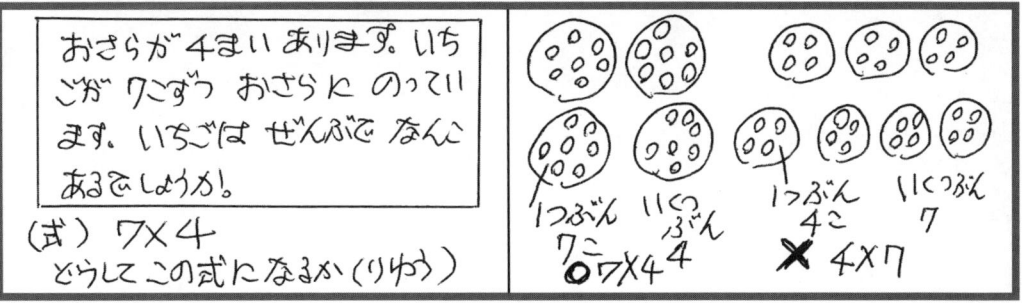

③ 「ドリルだけの例」

第2章

問題の理解と解決の見通しの記録

　算数科における多くの授業は，問題解決学習として展開される。そこで，第2章以下では，問題解決学習の一般的な指導過程と対応させて，ノート指導のポイントを示すことにする。
　第2章：問題の理解と解決の見通しの記録
　第3章：したことや仕方，考えたことや考え方の一時預かり
　第4章：自分の考え方の整理
　第5章：知的コミュニケーション
　第6章：学習したことのまとめ

　第2章では，問題の理解と解決の見通しに，ノートをどのように活用したらよいか，次の5つの視点から具体的に解説する。

> 1. 問題の理解と情景の理解
> 2. ノートは既習事項の宝庫
> 3. ノートと教科書の併用
> 4. 書きながら解決の手がかりを見つけさせる
> 5. 解決の手がかりを見つける「グチャグチャ表現」

第2章　問題の理解と解決の見通しの記録

1　問題の理解と情景の理解

　問題を解決するためには，提示された問題について「①どのような問題なのか情景を理解する，②この問題では何が問われているのか，求めろと言っているのかなど求答事項を捉える，③問題の中から既知事項や条件を取り出す」ことが必要である。

　これらを，子どものノートで例示すると次のようになる。①の問題場面の理解は，教師と子どものやり取りとして口頭で説明されたり，情景図で示されたり，時にはプロジェクターを使ったりすることがある。

　②の求答事項は，ノートでは，◯　◯で囲んである。また，③の既知事項は，＿＿＿＿で示されている。数値を○で囲んで，演算決定につなげようとしている教師の工夫もうかがわれる。

　ところで，多くの教師が，先に「分かっていることは何ですか？」と既知事項（③）を問い，次に「きかれていることは何ですか？」と求答事項（②）の順に捉えさせるという間違いをしていることが気になる。

　何をするのか目的が明確になっていないのに，その準備をすることは不可能である。社会科で，目的（何を調べるのか）が分からないのに，見学の計画は立てられない。図画工作科で，何を作成するか分からないのに材料や道具の準備はできない。算数科の問題は，必要最小限の情報しか盛り込まれていないため，たまたま②③のどちらからでも可能である。しかし，将来的に，必要のない（活用しない）情報がたくさんある文部科学省学力調査Ｂ問題や，PISA読解力などにも対応することができるようにするためには②→③の順に捉えさせるようにすることが望ましい。

2　ノートは既習事項の宝庫

　問題の解決をするためには，問題文の中に盛り込まれている情報（既知事項，条件）だけでは不十分な場合が多い。つまり，既習事項としての知識や技能，考え方などを思い出して活用しなければならないことが少なくないのである。

　次のノートの例は，まず「求答事項」を捉えさせ，次に「既知事項」を取り出し，さらに，これまでの学習で使えそうなこととして「既習事項」を想起させている。

　算数科の目標「……進んで生活や学習に活用しようとする態度を育てる」に対応した指導の工夫が行われていることが分かる。

```
ジュースが ①½L 入った びんと，①⅓L 入った びんがあります。
ジュースは 全部で何L ありますか。

○求めること ────── ジュースの全体の量
○分かっていること ─── ½Lのびん，⅓Lのびん
○学習したことで使えそうなこと
　・分母が同じならできる → 4年で学習した
　・分母を同じにしたい  → 通分　ノート　教科書P80
```

　しかし，問題の解決の仕方を考えるために必要な既習事項（知識や技能，考え方，学習体験，似たような問題を解決した体験）が思い出せないことがある。完全に忘れてしまったわけではないが，どうしてもはっきり思い出せないことがよく起こる。

　このようなとき，これまでのノートを見直して，前にどのような学習をしたのか振り返ると，「このきまりが使えそうだ」「これと同じように考えられそうだ」「同じように表にして調べてみよう」などと手がかりが得られる。つまり，ノートには，「自分の考え」「友達の考え」「学習のまとめ」など宝物（既習事項）がたくさん詰まっているのである。

　このように，ノートの有用性を体験し，よさが実感できると，子どもは積極的にノートの中の既習事項を検索し活用しようとするとともに，ノートの書き方を分かりやすくしようと自発的に工夫するようになる。

3 ノートと教科書の併用

　算数の学習で重要なことは,「数学的な考え方」すなわち「①問題を理解し,②既習事項を活用して見通しをもち筋道を立てて考え,③表現する能力」を育てることである。

　問題解決の際に必要なことは,繰り返しになるが,次の順序で問題を理解することである。

　○問題の場面を理解する。
　○求答事項(きかれていること,求めることなど)を捉える。
　○既知事項(分かっていること)や条件を捉える。
　○使えそうな既習事項(これまでに学習した知識・技能,考え方など)を思い出す。

　そして,これらを関連付けて,解決の仕方や結果の見通し(見積もり)を立てるのである。この中で,一番てこずるのが,使えそうな既習事項を思い出すことである。ノートを振り返ることによって,使えそうな既習事項を検索できることについては,前ページ「2　ノートは既習事項の宝庫」で述べたとおりである。

　その他に,使えそうな既習事項を検索するのに有効な方法として教科書の活用がある。問題の内容からどの単元に解決の手がかりになる既習事項があるか連想したり,ノートに該当する内容の載っている教科書のページ数をメモしておくと便利である。

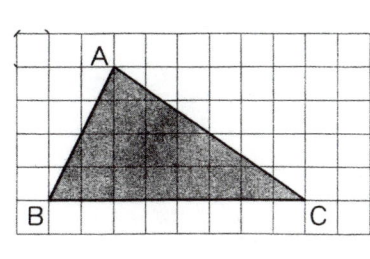

三角形ABCの面積の求め方を考えよう

・求めること → 三角形ABCの面積
・わかっていること → 方眼の1ますは1辺が1cmの正方形

・今まで学習したことで使えそうなこと
　・長方形の面積の求め方と公式（4年）
　・平行四辺形の面積の求め方と公式（5年,ノート,教科書）
　　平行四辺形の面積＝底辺×高さ

4 書きながら解決の手がかりを見つけさせる

　問題を読んですぐに解決の仕方が思い浮かんだ場合，この問題では考えるという行為は行われていないし，考える力を伸ばすものにはならない。これが，PISAの学力調査における「思考力」の捉え方である。

　問題解決学習においても，これまで出合ったことのない問題や，まだ学習したことのない内容を含んだ問題について考えさせるのは，上のような意味合いがあってのことと考えることができる。

　このような問題は，はじめは，今まで学んできた仕方や考え方で解決できると見通しが立たないので，何とか解決の手がかりを引き出そうとする。この段階を，ノートに書かせるようにする。つまり，あれこれと書きながら解決の糸口を探らせるわけである。

　その場合，次のような手がかりの引き出し方が考えられる。問題の内容に応じて選択させたり，組み合わせたりさせるようにする。また，ノートに書きながら手がかりを得た例を紹介して本人に自信を持たせるとともに，よいモデルを示し方向付けるようにする。子どもには，成功体験をさせることと，なるほどと実感させることが大切である。

　○問題文の中のキーワードを書き出してみる。
　○言葉で問題の構造を書き表してみる。
　○問題の数量の関係を図（具体的な図，テープ図，線分図，面積図，数直線，樹形図など）に表してみる。
　○問題の中の数（大きな数，小数，分数）を，簡単な整数などに置き換えてみる。
　○数量の関係を図に表してみる。
　○表やグラフに表してみる。
　○言葉の式や公式に当てはめてみる。
　○表に整理して，規則性を探してみる。
　○実際に試してみる。
　○いくつかについて具体的に調べ，それを基にしてきまりを探してみる。
　○意味（定義）や性質に当てはめてみる。

5 解決の手がかりを見つける「グチャグチャ表現」

子どもの書いた次の2つのノートを比較して,違いを指摘することができるだろうか。

Aさんのノート　　　　　　Bさんのノート

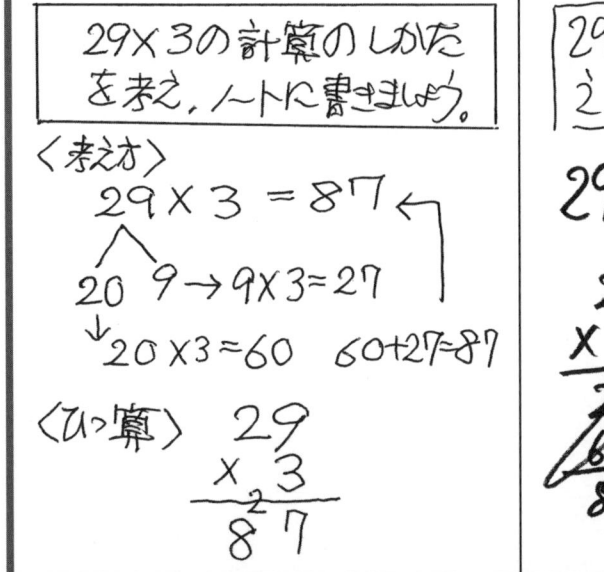

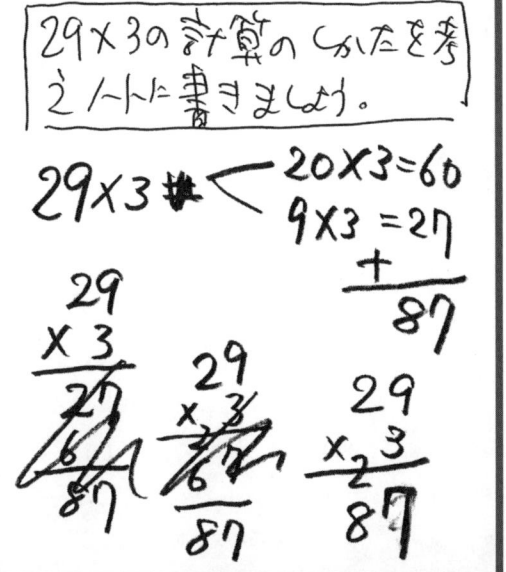

Aさんのノートは,理路整然と書いてあり模範的である。教師の多くはこのようなノートを高く評価し,奨励している。もし,このようなノートをすべての子どもに要求したならば,大部分の子どものノートは「不十分なノート」として低く評価されてしまうに違いない。

Bさんのノートは,グチャグチャしていて「もっと分かりやすく書きましょう」「もっときちんと書きましょう」などと注文を付けられ,ほとんど評価されないおそれがある。

しかし,Bさんのノートの書き方をじっくり読み込んでみてほしい。書いたり消したりしてグチャグチャな書き方になっているが,よく見ると考え方を徐々に修正して,最後には問題の解決の見通しを探り当てていることが分かる。Bさんのグチャグチャしたノートの中にある「キラリと光るすばらしい発想」を見つけ,認めて,大いにほめてほしい。そうすれば,Bさんは,これからもノートにあれこれ書きながら解決の手がかりを得ようと意欲的に取り組み続けるであろう。

第3章

したことや仕方，考えたことや考え方の一時預かり

　子どもは，問題を解決するために様々なことを試み，あれこれと考え，多くの気付きや発見をする。しかしこの気付きや発見をそのままにしておいては，結果（答え）が得られればおしまいということになり，「数学的な考え方」を高めることにつながっていきにくい。

　そこで，したことや仕方，考えたことや考え方の一時預かりとして，ノートに書かせるのである。つまり，算数的活動や頭の中で思い巡らせたことをとりあえずノートに書かせ，客体化し，じっくりと眺められるようにするのである。

　第3章では，見通しに沿って解決した過程や結果を次の2つの視点から解説する。

　　1．観察・実験，算数的活動の記録
　　2．自力解決の過程と結果の記録

1 観察・実験，算数的活動の記録

新しい算数教育では，算数的活動を通して学ぶことが強調されている（「小学校学習指導要領解説算数編」平成11年5月，平成20年8月，「算数科の思考力・表現力・活用力」文溪堂）。

ここで大切なことは，観察・実験をした結果や気付いたこと，算数的活動を通して考えたことなどをノートに簡潔に記録をしておき，後で見直したり，考えたりするときに役立てることである。

（1） したことの記録

10ずつまとめて何個あるか数える（①1学年），3個ずつ配ると何人に配れるか調べる（②3学年），合同な三角形を2つ合わせて平行四辺形にして面積を求める（③5学年）など，「したこと」をノートに図や言葉などを用いてメモさせる。このことにより，後から自分の考えを振り返ったり，考え方を深めたりすることができるようになる。

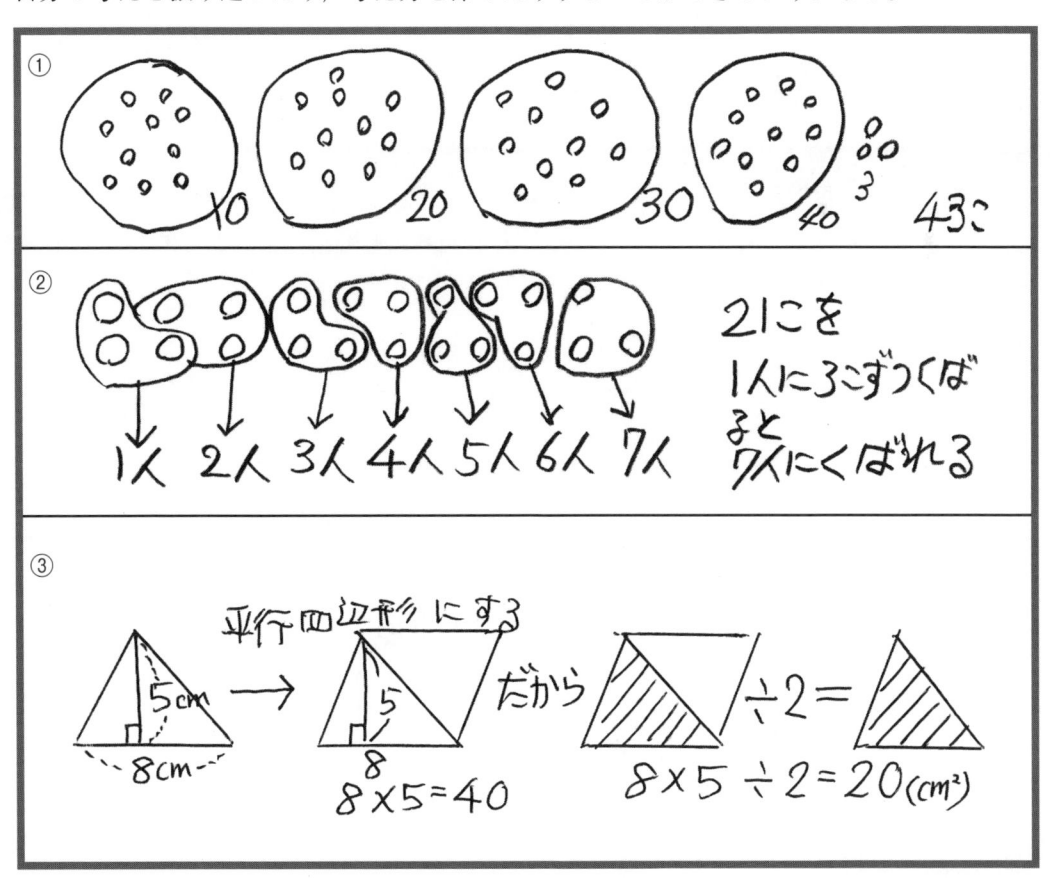

（２）　実験・観察して気付いたことのメモ

　算数科の学習にも実験したり，観察したりする学習活動はある。子どもは，そのときはいくつも気付いたことがあったにもかかわらず，発表する段階になると思い出せないということがよくある。そこで，ノートに気付きをそのつど「チョコッ」とメモさせるようにさせたい。

①　実験して気付いたこと

　実験をして（実際に試して），四角形の内角の和が何度になるか考えさせると，様々な仕方に気付く。これを図やキーワードなどでメモさせておくと，この後の学び合いに活用できる。多様な発想に触れ合わせることができる。

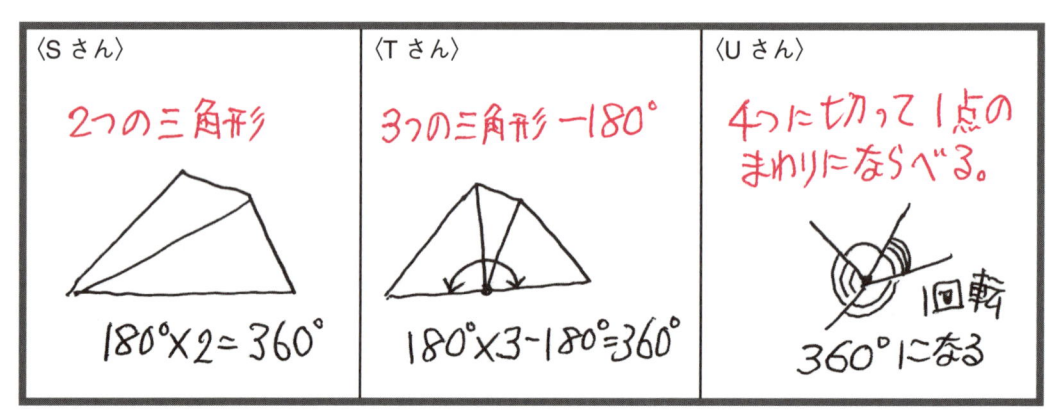

〈Sさん〉	〈Tさん〉	〈Uさん〉
2つの三角形 180°×2＝360°	3つの三角形－180° 180°×3－180°＝360°	4つに切って1点のまわりにならべる。 回転 360°になる

②　観察して気付いたこと

　観察して気付いたこともノートにメモさせ，それを基にして話し合うことによって，様々な見方，考え方を学び合わせることができる。

　問題「右図のように，○を1段，2段，3段，……と重ねていきます。どのようなきまりがあるか調べましょう」を例に子どものノートを紹介する。

24

（3） 算数的活動の記録

算数的活動には，場面を式に表す活動，計算の仕方を考え説明する活動など様々なものがある。どのような算数的活動をして，どんなことに気付いたかを，学年の発達段階に即して，簡単にメモさせておくと，子ども自身の考え方の整理になるとともに，グループや学級全体で学び合う際に役立つ。

① 場面を式に表す（1学年）

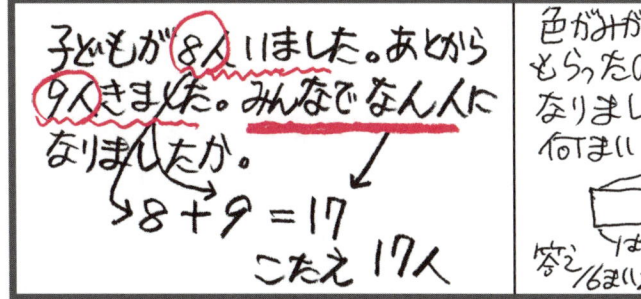

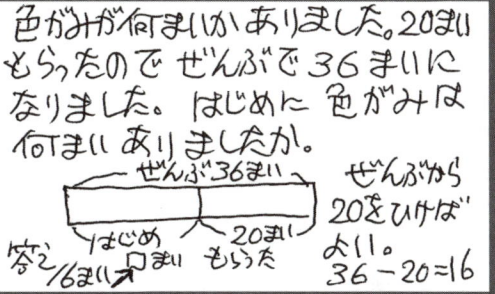

② 図や式に表し説明（2学年）

③ 計算の仕方を考え説明（3学年）

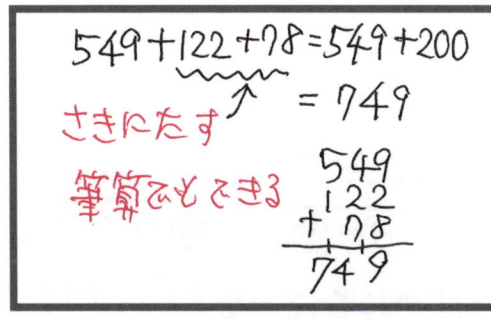

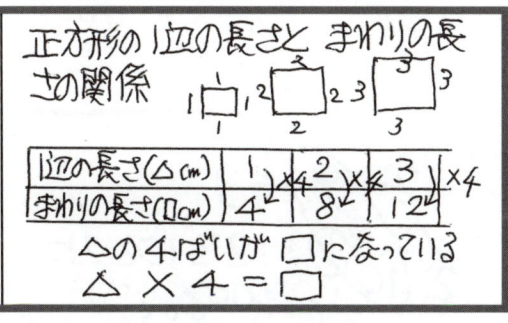

④ 数量の関係を調べる（4学年）

⑤ 面積の求め方を考え説明（5学年）

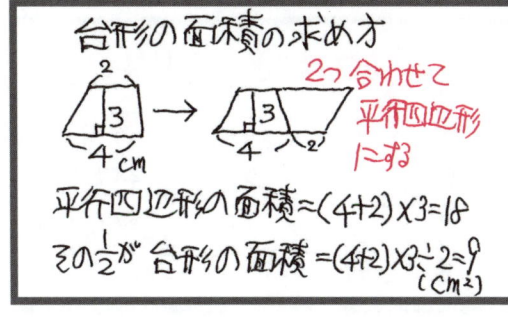

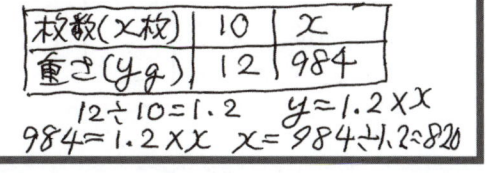

⑥ 比例を活用して問題解決（6学年）

算数的活動で大切なことは，何を目的（何を解決するために）としているのか明確にして，その解決をどのようにしたか，どのように考えたかなどをノートに記録させることである。このことによって，自分の考え方のよさや間違いに気付いたり，理解をより深めたりすることができるようになるからである。

2　自力解決の過程と結果の記録

　問題の解決の仕方や考え方を記録して客体化する。そして解決の過程や結果を振り返り，さらによりよく修正できるようにするのである。

（1）　見通しを書く

　問題を解決するには，どのようにしたらよいか方法の見通し（見積もり）をすることが大切である。また，答えがどのくらいになるか結果の見通し（見積もり）をする必要もある。問題解決では，解決の手がかりを得るこの段階がもっとも大切だといわれている。

① 　方法の見通し（見積もり）を書く

　問題の理解で，求答事項と既知事項，既習事項を明確にしたら，「さて，どのように解決したらよいか？」と解決の方法の見通しを持たせる。この段階は，解決の仕方の手がかりを得る段階なので，図，言葉，数や式などを自由に使って，あれこれ探らせることが重要である。

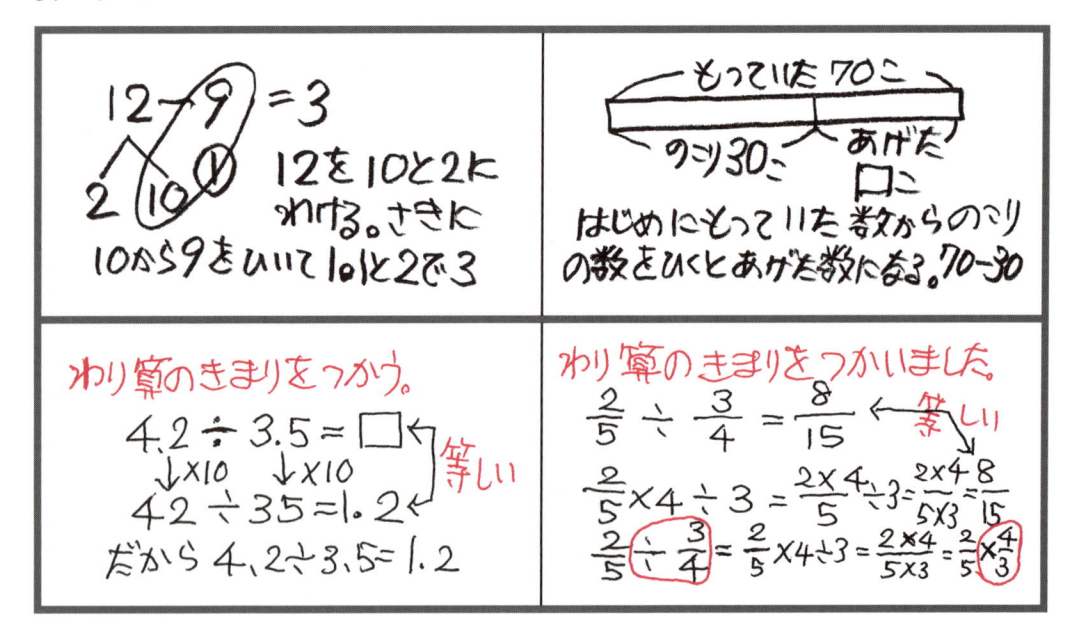

② 　結果の見通し（見積もり）を書く

　問題の解決では，結果がどのくらいになるか見当をつけるようにすると，解決の仕方が考えやすくなるとともに，間違いに気付きやすくなり大きな間違いを防ぐことができるよさもある。そこで，見通しは方法だけでなく結果についてもさせると効果的である。

（2）解決の仕方を説明する

　式を書いて計算し，答えを求める。コンパスと定規と分度器を使って合同な三角形を作図する。表から折れ線グラフをかく。子どもは，答えが出れば，作図ができれば，比例と判断できればそれでおしまいにしがちである。これでは，解決の過程や結果を振り返ることもできなければ，友達と話し合い，学び合って理解を深めることもできない。

　そこで，解決の仕方を，ノートに簡潔に書かせるようにする。このことによって，考える力，表現する力，学び合う力が徐々に高まっていく。

① 式や計算に簡単なメモを付け加えさせる

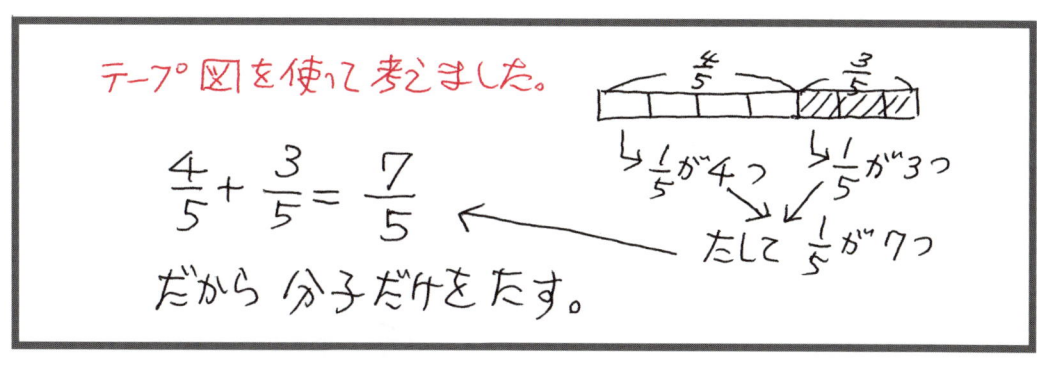

> テープ図を使って考えました。
>
> $\frac{4}{5} + \frac{3}{5} = \frac{7}{5}$
>
> $\frac{1}{5}$が4つ　$\frac{1}{5}$が3つ
> たして$\frac{1}{5}$が7つ
>
> だから分子だけをたす。

② 作図の仕方を番号順に整理させる

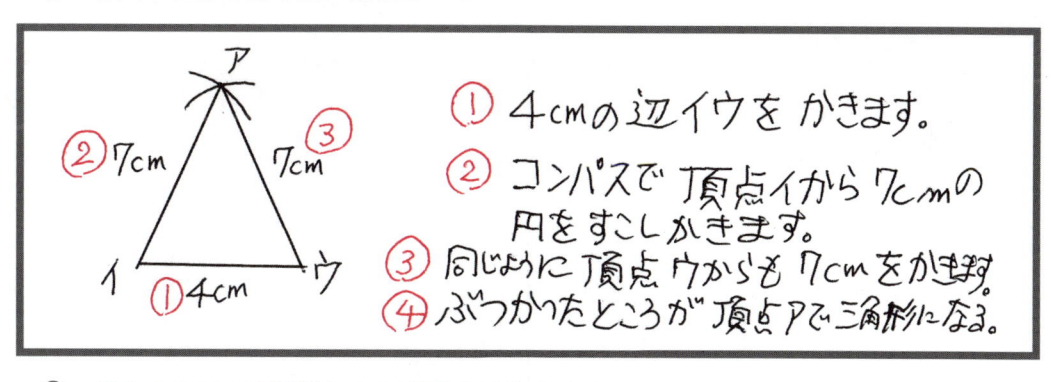

> ① 4cmの辺イウをかきます。
> ② コンパスで頂点イから7cmの円をすこしかきます。
> ③ 同じように頂点ウからも7cmをかきます。
> ④ ぶつかったところが頂点アで三角形になる。

③ どのようにして判断したか説明を加えさせる

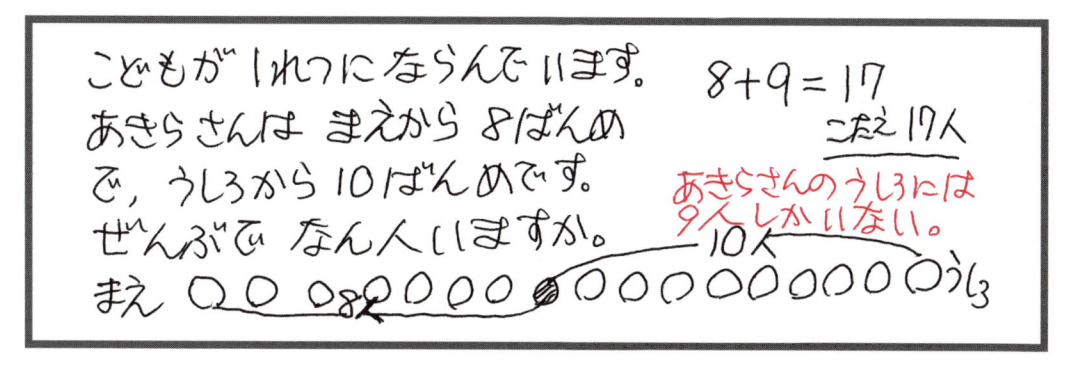

> こどもが1れつにならんでいます。
> あきらさんはまえから8ばんめで，うしろから10ばんめです。
> ぜんぶでなん人いますか。
>
> 8＋9＝17
> こたえ 17人
>
> あきらさんのうしろには9人しかいない。
>
> まえ ○○○○あ○○○○○○○○○○○○○○○ うしろ

（3） どのように考えたのかを説明する

　どのように考えて解決したかをノートに書かせることも，考える力を高める，表現する力を伸ばす，それらを基にして学び合うことによってさらに考える力を深めるために大切なことである。

　ノートに，どのように考えたか説明を書くようにすることを求めることによって，筋道を立てて，手際よく表現する力を伸ばすことができる。

① 既習事項を使って考える　　② 帰納的に考える

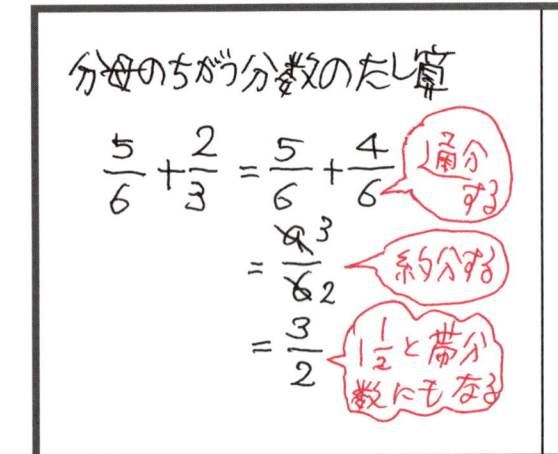

③ 類推的に考える　　　　　　④ 順に調べて考える

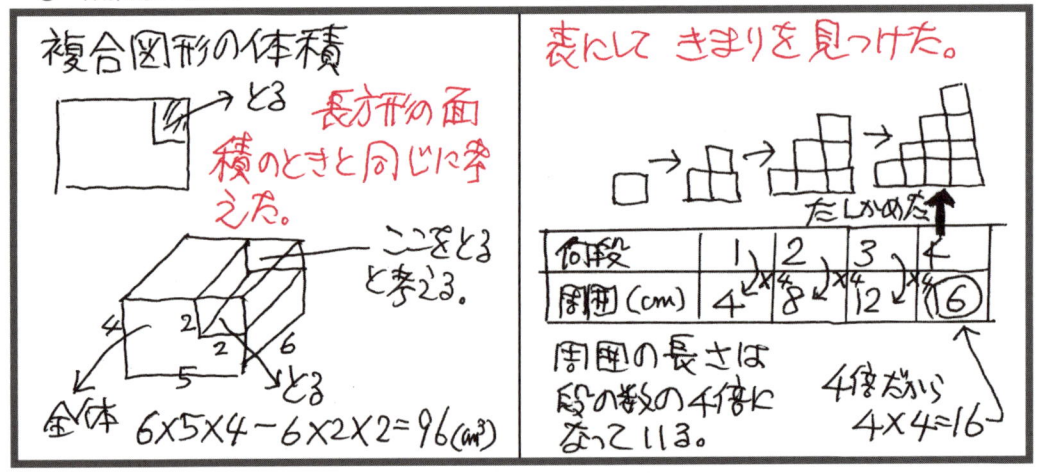

　できているのにどのように考えたのか説明できない子どもがいる。すばらしい発想をしているのにそのよさに気付かない子どもがいる。一度体験した考え方を想起し，次の問題解決に活用しようとしない子どもがいる。考え方をノートに書かせる活動を通して，自分の考え方を見つめさせたり，友達の考えに関心を持ち学び取ったりすることができるようにすることが大切である。

第3章　したことや仕方，考えたことや考え方の一時預かり

（4）それでよいわけを説明（証明）する

　問題解決の過程や結果（答え，判断，結論）について，「それでよいわけが説明できるようにすること」は，明確な根拠を持って筋道を立てて考えることや，解決の過程や結果の正しいことを明確な根拠を持って説明（証明）できることにかかわり，きわめて質の高い学習をさせることになるのである。

① 筋道を立てて説明する

　既習事項を使って考え，それを筋道を立てて説明させ，みんなが納得できるようにする。

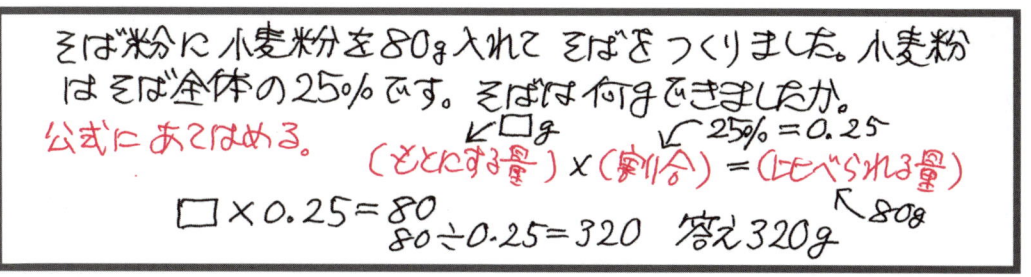

> そば粉に小麦粉を80g入れてそばをつくりました。小麦粉はそば全体の25%です。そばは何gできましたか。
>
> 公式にあてはめる。
> （もとにする量）×（割合）＝（比べられる量）
> □×0.25＝80
> 80÷0.25＝320　　答え 320g

② 帰納的に説明する

　複数の事例に共通することに着目させ，どの事例にも言えることを調べ，きまりを発見する。それが正しいことを他の例で確認する。

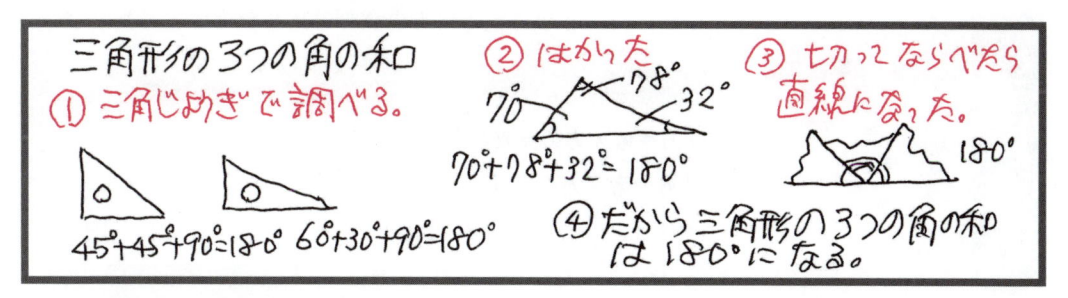

> 三角形の3つの角の和
> ① 三角じょうぎで調べる。
> 　45+45+90=180°　60+30+90=180°
> ② はかった　70°, 78°, 32°
> 　70+78+32=180°
> ③ 切ってならべたら直線になった。180°
> ④ だから三角形の3つの角の和は180°になる。

③ 演繹的に説明する

　既に正しいと分かっていること（証明されていること）を使って，新しいことを解決し，それが正しいことを説明（証明）させる。

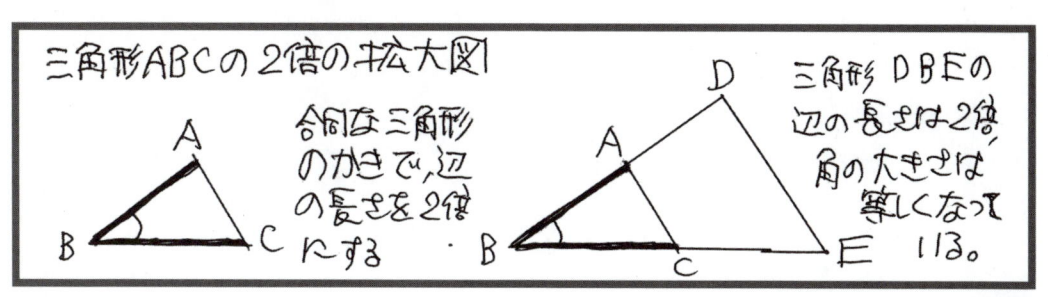

> 三角形ABCの2倍の拡大図
> 合同な三角形のかき方で，辺の長さを2倍にする。
> 三角形DBEの辺の長さは2倍，角の大きさは等しくなっている。

第4章

自分の考え方の整理

　問題の解決方法や結果の見通しを持ち，筋道を立てて考えた過程や結果（答え）を，ノートに書いて客体化したものを振り返り，自分の考え方として整理することが必要になる。

　自分の考え方を整理したものは，次の段階の「伝え合い・学び合う」際の基になるからである。

　そこで，第4章では，次の3つの視点から自分の考えを整理することについて解説する。

> 1. 仕方や考え方の見直し
> 2. 仕方や考え方の整理
> 3. 学び合いのための準備（要約）

第4章　自分の考え方の整理

1 仕方や考え方の見直し

　自力解決の段階で，自分の仕方や考え方は，頭の中であれこれ思い巡らせていてもあまり進展しないことが多い。それをノートに書くことによって，客体化させ，自分の仕方や考え方を見つめ直すことができるようになる。ノートに書くということは，そのときの自分を記録することを超えて，自分をよりよくしていく大もとをつくることになる。

（1）　仕方の見直し

　子どもも教師も正しい答えが出たらその問題は終わりとなりがちである。しかしそれをノートに書き，もう一度じっくり見直すことにより，さらによい仕方が見つかることがある。自分の仕方を一度自分から離して，他の人の仕方を観察（確認）するような気持ちで，見直してみることは大切なことである。

　例えば台形の面積の求め方を，前に学習した三角形の求め方を使って①のように求めた。ノートに書いたものを見直して，②のように，台形を2つ並べて平行四辺形を作って求めたところ公式にしやすくなった。

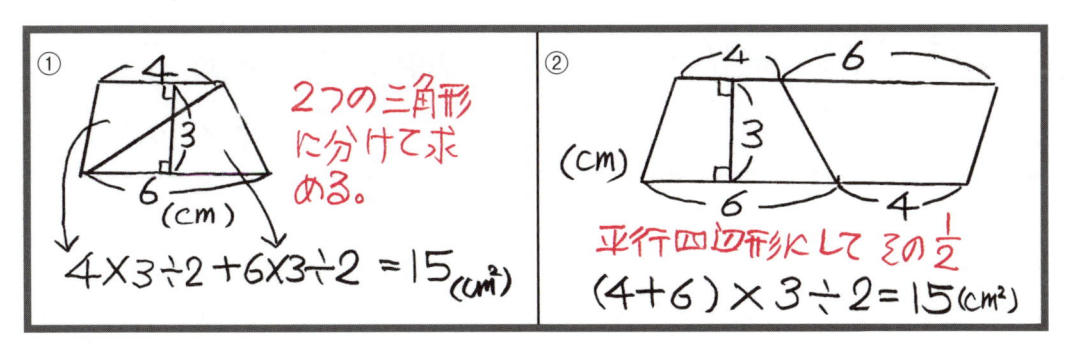

　分数のわり算の仕方を，わり算のきまりを使って③のようにした。ノートを見直して，④のように直し，もっと簡単に計算ができるようにした。

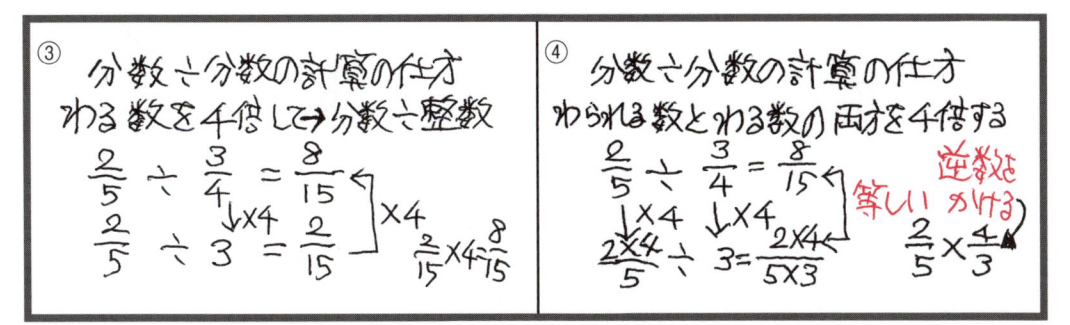

31

（2）考え方の見直し

　自分がどのように考えたのかは，大人でも思い出せなくなることがある。この意味で，考え方をノートにメモしておくことは大切である。その際，言葉で書くか，数や式で表すか，図や表で記録しておくかは，子どもの選択に任せて，得意な記録のさせ方をするとよい。この後の学び合いのときに，この場合はどのような表し方がよいか知る機会があり，徐々にその場面や目的に応じた書き方ができるようになってくる。

　5学年に，右の図形（斜線部分）の求面問題がある。①は，考え方を式で表現したつもりであった。ノートに書いたものを見て，②のように付け加えた。これで，この子どもの考え方がいっそうはっきりした（一般の問題解決としては，①で正解である）。

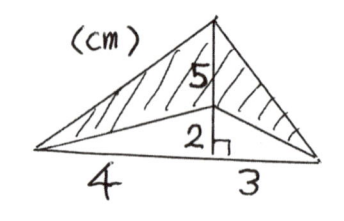

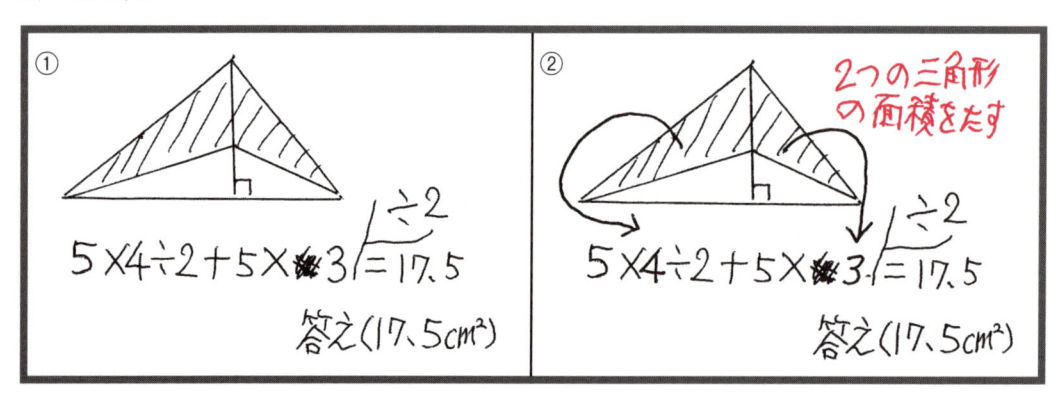

　また，別の子どもは，はじめに③のように考えていた。ノートを見て，④のように別の考えに気付くことができた。たぶん，「三角形ABCの底辺BCに平行な直線を引いて，その直線の上で頂点Aを移動させても，三角形の面積は変わらない」ということに気付いたからであろう。

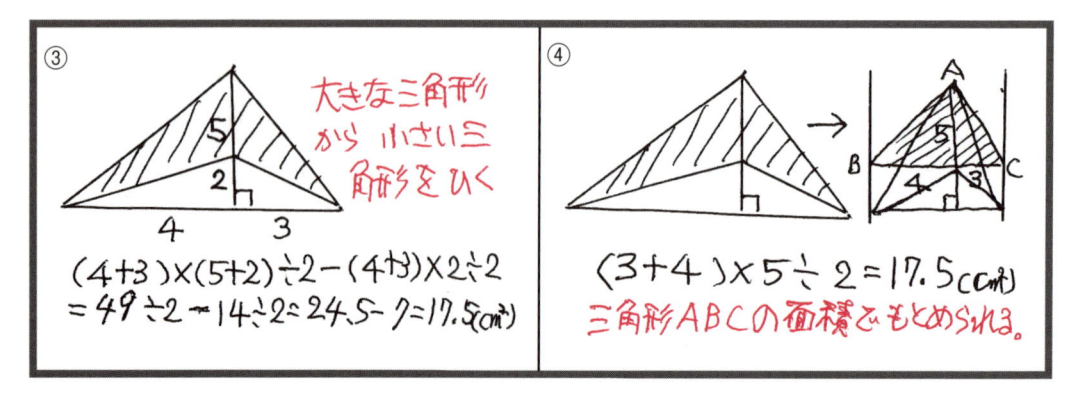

第4章　自分の考え方の整理

（3）結果の見直し

ノートに書いた結果（答え，判断，結論など）を見直して，間違いや不十分なことに気付くことがある。計算の結果を検算によって確認する以上に大切なことである。

以下，典型的な例を紹介する。

① 間違いに気付く

```
30÷7 = 3 あまり 9
7×3 + 9 = 30   ×
あまり 9 > 7
  30÷7 = 4 あまり 2
  2 < 7   7×4 + 2 = 30
```

② 不十分なところに気付く

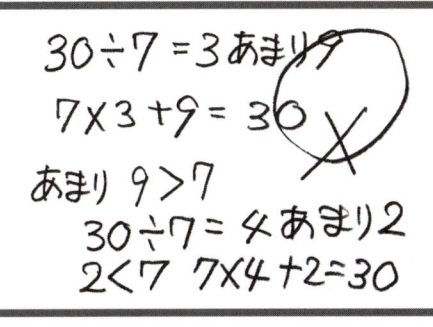

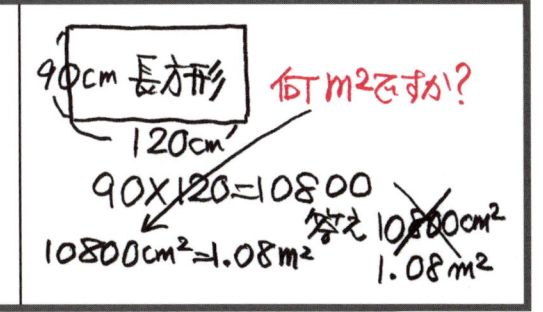

```
90cm 長方形   何m²ですか？
    120cm
90×120 = 10800
              答え 10800cm²
10800cm² = 1.08m²    1.08m²
```

③ 問いに答えていないことに気付く

```
荷物が60個ある。箱に8個ずつつめます。箱はいくついりますか。
60÷8 = 7 あまり 4
          答え 箱 7個
あまりの4個を入れるのに
箱がもう1つ必要。
          答え 箱 8個
```

④ 勘違いに気付く

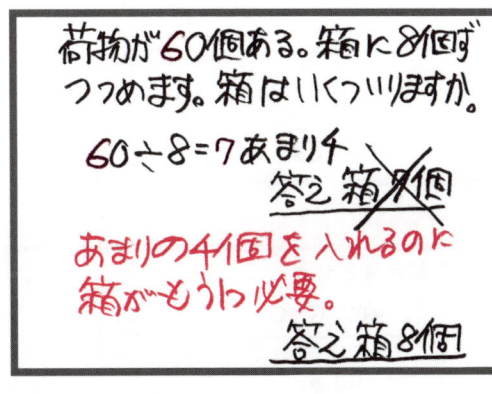

```
ABCDの4人の中から2人で組
をつくります。組み合わせは何通
りできますか。
AB  BA  CA  DA
AC  BC  CB  DB
AD  BD  CD  DC
       3×4 = 12（12通り）
ABとBAのように同じものが
あるので消す。（6通り）
```

⑤ 別の考えのあることに気付く

```
2※2 = 4      □の中に入る数
3※3 = □      2 + 2 = 4
4※9 = □      3 + 3 = 6
              4 + 9 = 13
※を+と考えた。2×2 = 4
2×2もあるから  3×3 = 9
答えはもう1つある  4×9 = 36
```

⑥ 異なる三角形もかける場合がある

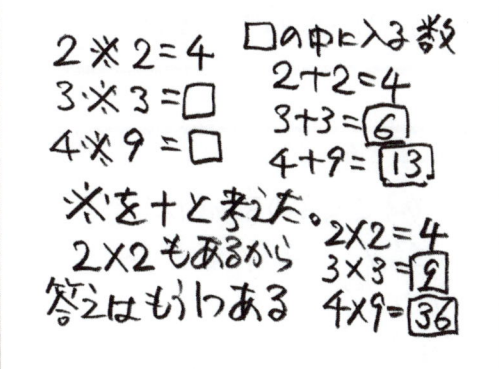

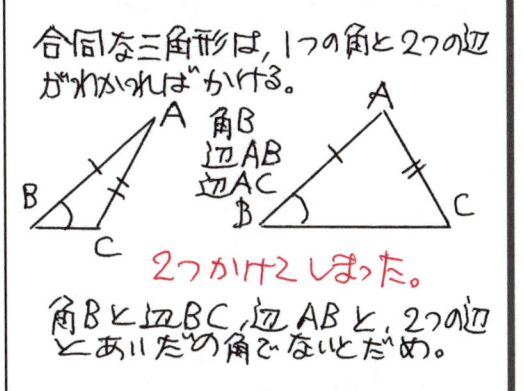

```
合同な三角形は，1つの角と2つの辺
がわかればかける。
          角B
          辺AB
          辺AC
2つかけてしまった。
角Bと辺BC，辺ABと，2つの辺
とあいだの角でないとだめ。
```

2　仕方や考え方の整理

　自力解決の段階で，問題の解決の仕方や考え方をノートに書いて客体化する。それを見直して，間違いを直し，不足を補い，新しい気付きをメモする。そして，最終的な自分の仕方や考え方として整理する。

　この場合は，ノートを消しゴムで消さないで，赤ペンで加除修正をさせる場合と，別の場所に改めて書き直しをさせる場合とがある。子どもの書く能力，時間との関係などを考慮して子どもと約束をしておくとよい。

① 仕方の整理

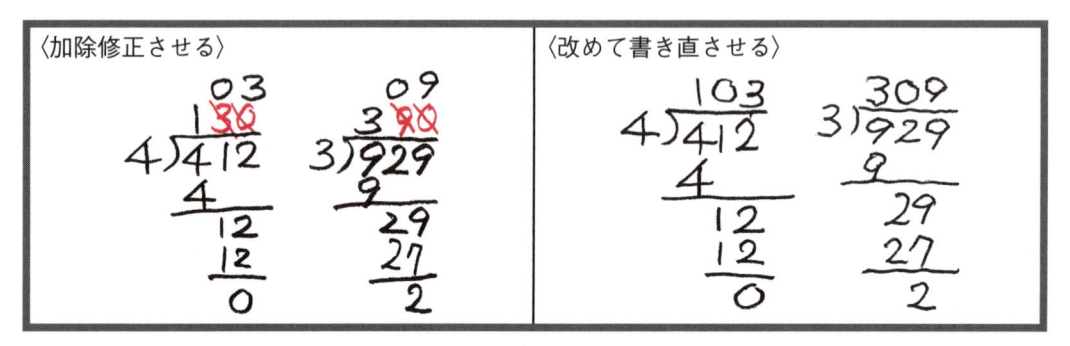

② 考え方の整理

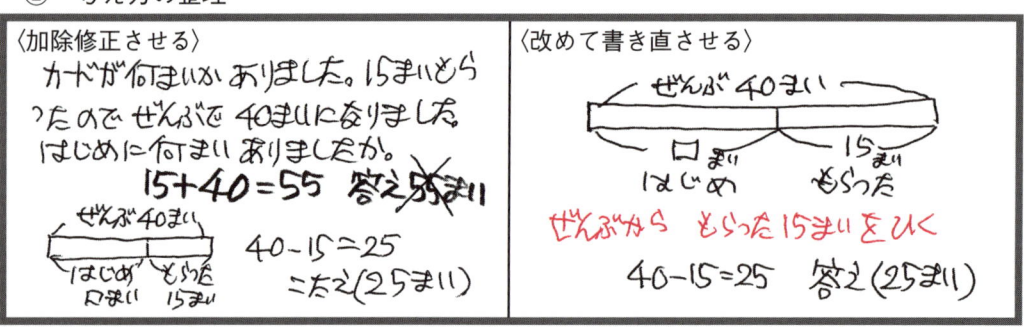

③ 結果の修正

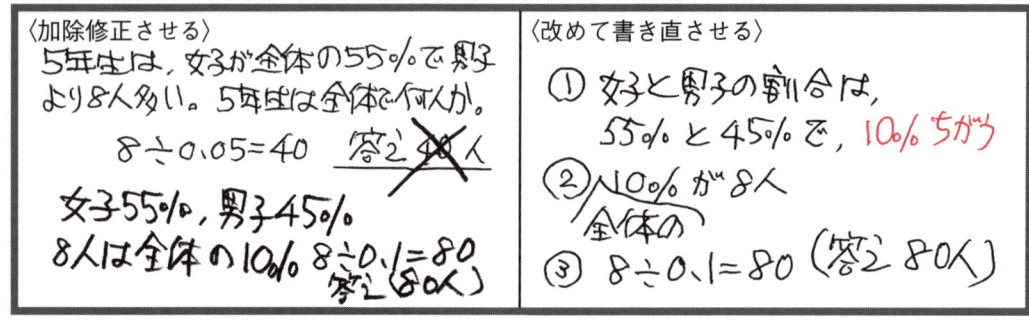

3　学び合いのための準備（要約）

（1）解決の仕方や考え方をボードに要約する

　解決の仕方や考え方をノートに書かせると，あれこれ思い巡らせながら書くので，回りくどい表現だったり，詳しすぎる説明だったりすることが多い。ペアやグループで情報交換をする段階はともかく，学級全体で学び合いをするためには，もう少し簡潔にする必要がある。

　発表や話し合いを効果的にするために，ボードに仕方や考え方を要約させるようにすると効果的である。その場合，ノートの表現をそのままボードに写すのではなく，口頭で補えることは省略して大事なことだけを図や式などで表すように指導すると効果的である。

　ノートの表現をボードに要約することを通して，ノートそのものの表現の仕方が要を得て簡潔になることも期待できる。

① 180°より大きな角度の測り方を，図で簡潔に要約する

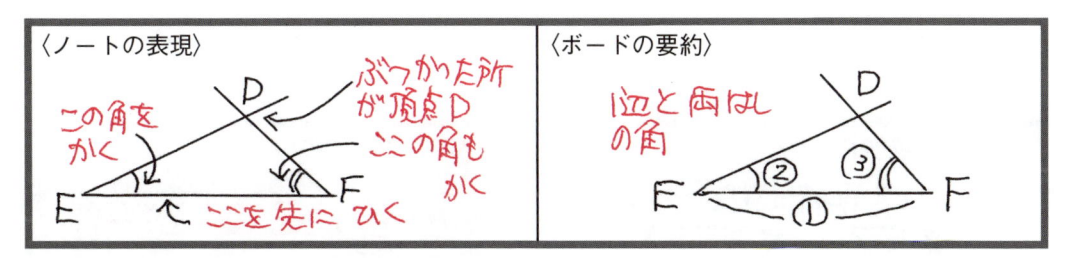

② 結合法則を使ったことを式で示す

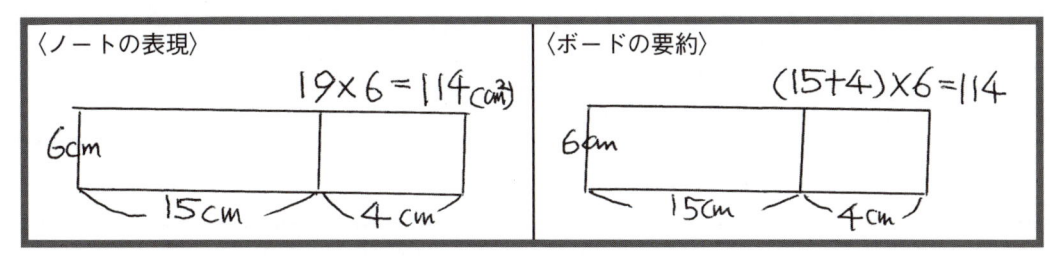

③ 考え方を図で示す

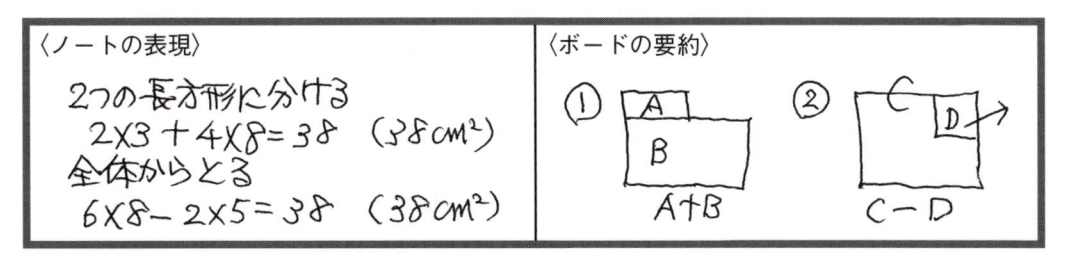

（2） 解決の仕方や考え方の説明を書く

　答えだけで，計算の仕方や解決の考え方が書いてない場合は，「友達に分かりやすく仕方や考え方の説明をノートに書きましょう」と，発表することを意識させて，ノートに書かせるようにする。

　このように説明を書かせることは，どのようにしたのか，どのように考えたのか，なぜそのようにしたのかなど，自分の仕方や考え方などを表現する力を付けるとともに，筋道を立てて考えたり説明したりする力を育てることにもつながる。

① 計算の仕方を説明させる

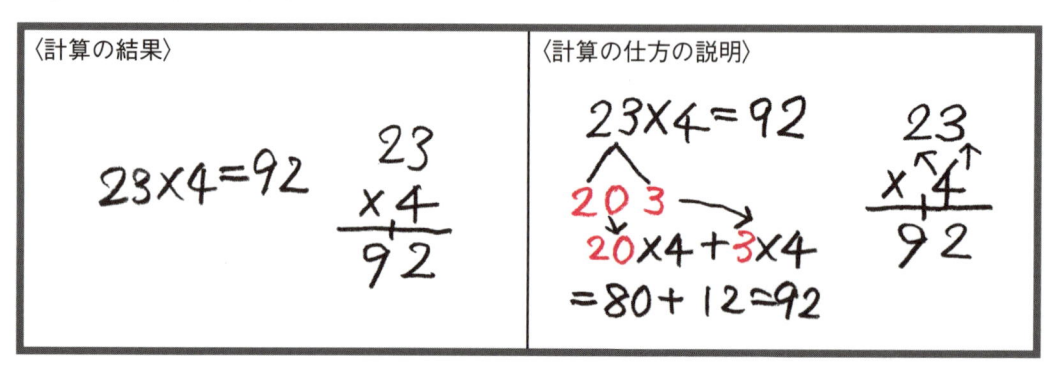

〈計算の結果〉	〈計算の仕方の説明〉
$23 \times 4 = 92$　　$\begin{array}{r} 23 \\ \times 4 \\ \hline 92 \end{array}$	$23 \times 4 = 92$　　$\begin{array}{r} 23 \\ \times 4 \\ \hline 92 \end{array}$　　20 3　　$20 \times 4 + 3 \times 4$　　$= 80 + 12 = 92$

② 同じ仲間になる理由を説明させる

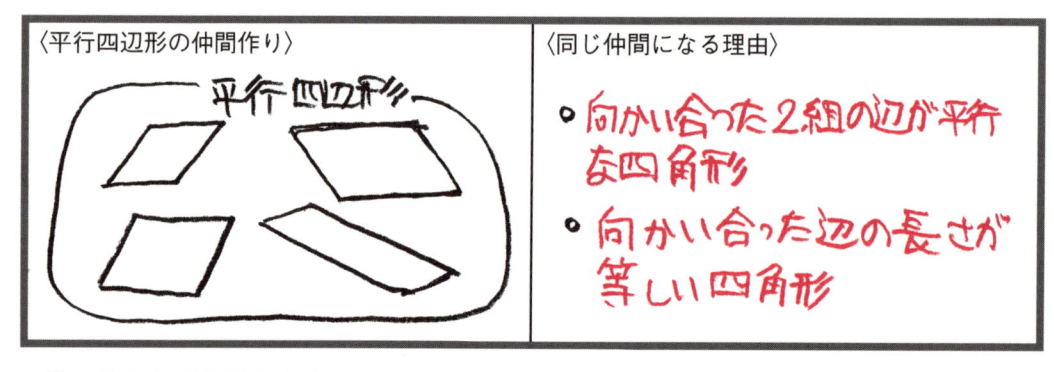

〈平行四辺形の仲間作り〉	〈同じ仲間になる理由〉
平行四辺形（図）	・向かい合った2組の辺が平行な四角形 ・向かい合った辺の長さが等しい四角形

③ 考え方を説明させる

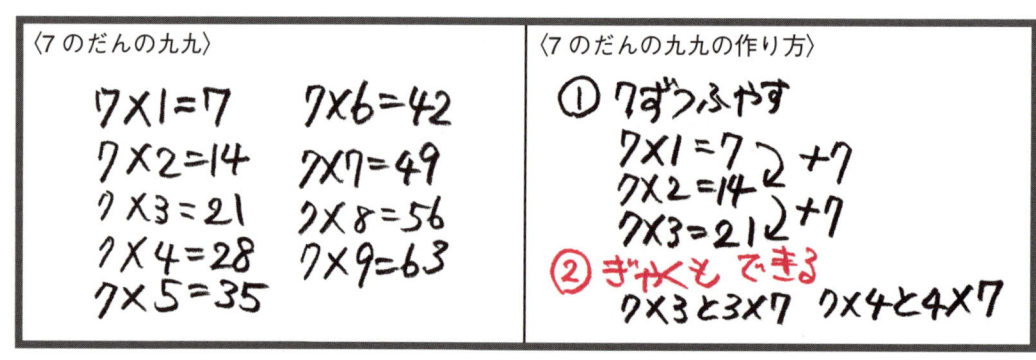

〈7のだんの九九〉	〈7のだんの九九の作り方〉
$7 \times 1 = 7$　$7 \times 6 = 42$ $7 \times 2 = 14$　$7 \times 7 = 49$ $7 \times 3 = 21$　$7 \times 8 = 56$ $7 \times 4 = 28$　$7 \times 9 = 63$ $7 \times 5 = 35$	① 7ずつふやす 　$7 \times 1 = 7$　+7 　$7 \times 2 = 14$　+7 　$7 \times 3 = 21$　+7 ② ぎゃくも できる 　7×3と3×7　7×4と4×7

（3） ノートを基にして説明の仕方を練習する

　子どもに繰り返し「友達に分かりやすく説明しましょう」と投げかけても，説明の仕方は一朝一夕に身に付くものではない。

　具体的には，教師がモデルになって，分かりやすい説明の仕方を演じて見せることが必要である。意図的に作成したVTRを用いて，分かりにくい説明と分かりやすい説明を対比して見せると効果的である。

　さらに，ペアで説明し合う，グループで発表し合う，学級全体で話し合うなどの機会を設け，説明の体験を豊富にさせることである。

　なお，教師の板書は子どものノートのモデルである。教師の話しぶりや説明の仕方は，子どもの説明の仕方のモデルになっている。乱れた表現や話し方になっていないか確認する必要がある。

①　ノートを使って説明の練習をさせる

　はじめは，自分の書いたノートを見ながら説明する練習をさせる。慣れてきたら，友達にノートを見せながら説明させるようにする。子どもは，説明しながらいろいろと気付き，ノートの書き方を工夫するようになる。

②　ノートや原稿を読みながらの説明もよいことにする

　説明の練習をはじめた頃には，ノートや発表原稿を見ながらの説明もよいことにする。友達に説明する機会が豊富になるにつれ，ノートや原稿からときどき目を離して説明できるようになる。場に慣れさせることが重要である。注意すべきことは，ノートや原稿を見ないで説明することを強要しないことである。自分の仕方や考え方，なぜそれでよいかを正確に説明したり，伝えたりすることを第一の目標にすることが重要である。

③　実物投影機を使って説明の練習をさせる

　ノートをそのまま実物投影機（OHC）で映し出して，その子どもの仕方や考え方，気付きなどを説明させるのも効果的である。大きく映し出された友達のノートを見て，あの考え方はすばらしい，あのように書けば分かりやすいなど，多くのことを学び取ることができ，改善につなげることができる。

④　電子黒板を使って説明の仕方を練習させる

　電子黒板を活用して説明させることもできる。③のようにノートを電子黒板に映し出すこともできるし，デジタルカメラでノートを撮影し電子黒板に映し出して効果的に説明させることもできる。

第5章

知的コミュニケーション

　子どもに自力解決の過程及び結果を整理させるだけにとどまらず，それを基にして学級全体で「学び合い・高め合う」ことが重要である。つまり，知的コミュニケーションを通して，子ども個人も学習集団も深まり高まるのである。

　表現力ということで，ノートに書くことだけを視野に置きがちであるが，お互いの仕方や考え方，気付きなどを出し合い，「学び合い・高め合う」ことを目指すべきである。

　そこで，第5章では，知的コミュニケーションについて次の4つの視点から説明する。

1. コミュニケーションの三様
2. 知的コミュニケーションの進め方
3. 知的コミュニケーション能力を高める10のポイント
4. 知的コミュニケーションのゴール

1　コミュニケーションの三様

　コミュニケーション（communication）の国語的な意味は，「社会生活を営む人間の間に行われる知覚・感情・思考の伝達（「広辞苑」第6版・岩波書店）」である。
　算数科をはじめ学習活動におけるコミュニケーションとは，子ども同士が，「問題解決など学習活動を通して，したこと，考えたこと，気付いたこと，思いついたことなどを伝え合い，学び合い，高め合うこと」と考えることが妥当である。

（1）　仲良しコミュニケーション
　コミュニケーションには，子ども同士の好ましい人間関係を築き，学級集団の中で互いに仲良くかかわっていくことができるという意味でのコミュニケーションがある。「仲良しコミュニケーション」と称してよいだろう。学級経営の要になるものである。
　互いに認め合う，思いやりをもつ，尊重し合う，協力し合う，親切にする，互いに意見を出し話し合う，困っている人を助けるなどはその具体的な姿である。いじめなどは，人権尊重精神の欠如と仲良しコミュニケーションの不十分さが主な原因と考えられる。

（2）　知的コミュニケーション
　学習は，個人で学んだことを学習集団で発表・交流し，話し合い，批正し合い，学び合うことによって高め合う「知的コミュニケーション」が必要である。
　そのためには，まず，子ども自身が自分の考えを持つことが求められる。自分のしたこと，考えたこと，気付いたことをノートに書き整理できていなければ，知的コミュニケーションに主体的にかかわることができないからである。

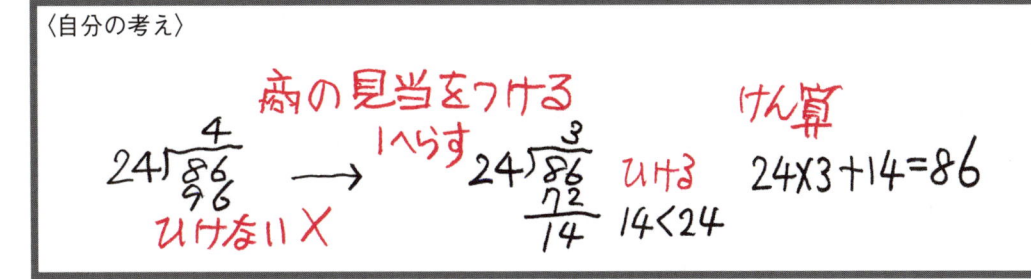

〈自分の考え〉

商の見当をつける　　　　　　　　　　　　　　　　けん算
　　　4　　　　　　　　　　　　3
24)86　→　1へらす　　24)86　　ひける　　24×3+14=86
　　96　　　　　　　　　　　　72
ひけない ×　　　　　　　　　　14　　14<24

　次に，知的コミュニケーションでは，友達の発表（説明）を理解しようと意識して聴くこと，また自分の考えと比べて聴くこと，友達の意見のよさを発見しようとして聴くこと

が大事である。

　それを簡潔にノートにメモすることによって，自分の考えがいっそう深まり，友達から多くのことを学び取れるようになる。

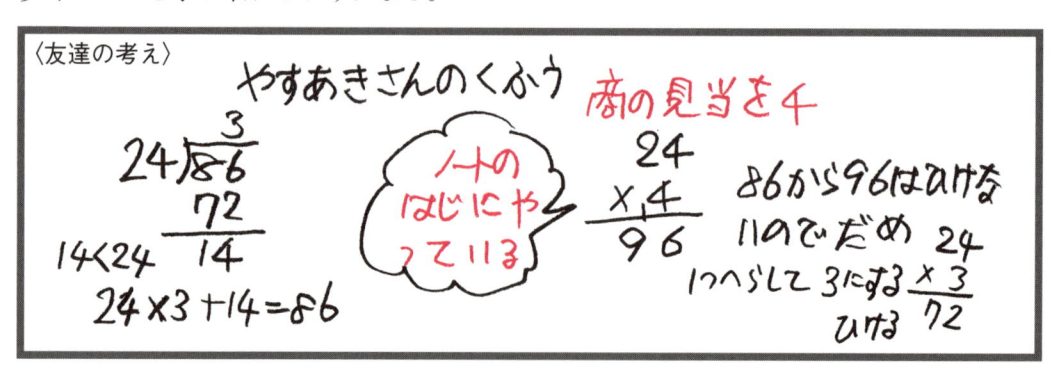

〈友達の考え〉

やすあきさんのくふう　商の見当を4

24)86　　　　　　　　　　　24
　　3　　　ノートの　　　　×4
　72　　　はじにや　　　　──
　──　　　っている　　　　96　86から96はひけな
　14　　　　　　　　　　　　　いのでだめ　24
14＜24　　　　　　　　　　　　1へらして3にする　×3
24×3＋14＝86　　　　　　　　　ひける　　　　　──
　　　　　　　　　　　　　　　　　　　　　　　72

　また，ときどき，学習感想をノートに書かせるようにしたい。知的コミュニケーションによって友達から学び取れたことから，いっそう交流（情報交換）すること，学び合うことの大切さを意識するようになるからである。

　逆に，友達の感想の中に，「○○さんの考えの……がよかった」，「△△さんの仕方でやってみたらうまくいき役立った」などと書かれると，そのことによって自信がつくとともに，積極的に発言したり，友達の考えや工夫に関心を持ったりするようになる。

〈感想〉

（わかったこと）見当をつけた商が大きすぎたときは商を1つ小さくする。
（感想）やすあきさんのように，ノートのはじでやると，書きなおさなくてよいので，これからまねしたいです。

（3）　共存コミュニケーション

　コミュニケーションは，「仲間，集団，地域や国家など，互いの考え方や文化・伝統などを尊重し合いながら独立した存在として共存していくこと」という意味でも重要である。そのためには，連携・協力する，すみ分ける，他を脅かさないなど高度の「共存コミュニケーション」が求められる。人権侵害，いじめ，精神的・身体的・政治的・物的な圧力や侵略等は許されないのである。

2 知的コミュニケーションの進め方

　授業の中では主として知的コミュニケーションが必要かつ重要である。ここでは，知的コミュニケーションの進め方を，ノートの指導に関連させながら整理してみる。

（1）　知的コミュニケーションの意義

　算数科の授業では，知的コミュニケーションの意義を次のように示している（「文部科学省小学校学習指導要領解説算数編」p20，平成20年8月）。

ノートに書く過程で	考えを表現する過程で，自分のよい点に気付いたり，誤りに気付いたりすることがある。
ノートに書いたことを基にして	自分の考えを表現することで，筋道を立てて考えを進めたり，よりよい考えを作ったりできるようになる。
授業の中の知的コミュニケーションで	授業の中では，様々な考えを出し合い，お互いに学び合っていくことができるようになる。

　授業の中の知的コミュニケーションを通して，当然，友達のよい点に気付いたり，誤りに気付いたりすることがある。そして，そのことを伝え合い，よりよくしていくために話し合うことによって，互いに，筋道を立てて考えが進められるようになり，よりよい考え方を作り合うことができるようになっていくのである。

（2）　自分の考えを持たせる

　知的コミュニケーションは，複数の子どもの「仕方や考え方，気付き」の情報交換や検討によって成り立つものである。したがって，学習集団のメンバーがそれぞれに「自分の仕方や考え方，気付きなど」しっかりと持っているようにすることが必要になる。

　そこで，学習課題（問題）について，「どのような仕方で解決したか」「どのように考え工夫したか」，その過程で「どのようなことに気付いたか」などを，ノートに書かせるようにする。つまり，知的コミュニケーションの前提として，自分の考えや意見などをはっきりと持たせるようにすることが必要になる。

（3） ペアによる情報交換

　授業中の知的コミュニケーションの最小単位は，ペア（二人組み，隣同士など）である。相手に説明する，相手の説明を聴くという基本的なことが，短時間ですべての子どもに体験させられる。

　① ノートの活用

　ペアによる知的コミュニケーションは，情報交換として位置付け，過大な要求をしないことが大切である。

　そこで，ペアによる情報交換（仕方や考え方などの伝え合い）は，子どもが問題解決の過程で書いたノートを使って，隣同士わきあいあいとした雰囲気でさせるようにする。

　下学年の場合，はじめのうちは，「最初は右側の人が説明しましょう」，しばらくしたら「では，交代して今度は，左側の人が説明しましょう」と，うまく進むように手助けをしてやるようにする。

　② 質問する

　ペアで情報交換をさせるときは，お互いに説明し合い，聴き合うだけでおしまいになりがちである。そこで，何か１つ質問させるようにすると，相手の話をよく聴くようになるし，理解できるようになる。

　「○○について，もう少し詳しく説明してください」
　「○○は，どうして△△なのですか？」
　「どうして，○○と分かったのですか？」

　③ よいところを見つけ知らせる

　友達の説明を聴いていてよいところに気付くことがある。そのようなときは，「……がとてもよいと思います」，「○○に私は気付きませんでした。すごいと思います」，「図と説明がノートに書いてあってとても分かりやすかった」などと，友達のよいところを見つけて知らせるようにさせる。これは，友達から学び取って自分の考えを高めるために役立つようになる。

　④ 手助けをする

　友達が解決できないときやつまずいているときもある。そのようなときは，「……したらできると思うよ」，「ここのところが計算違いだよ」などと，手助けをするようにさせると，友達も助かり，自分の考えもいっそう深まる。

（4） グループによる学び合い

　中学年以上になったら3～5人のグループによる学び合い（情報交換，伝え合い）をさせるのも次の諸点から有効である。

　○説明する，聴く，質問するなど伝え合いの経験を豊かにすることができる。
　○情報交換によって自分の考えをはっきりさせることができる。
　○少人数による学び合いによって，説明に対する苦手意識をやわらげることができる。
　○学級全体での話し合いのウォーミングアップになる。

①　ノートの活用

　グループによる学び合いでも，ノートに書いてあることを基にして知的コミュニケーションをさせる。そのつど，司会をきめて，「○○さんからお願いします」，「ありがとうございました。○○さんの説明に質問や意見などがありますか？」などと，簡単に「説明を受けて，聴き手が返す」ように約束しておくと，徐々に慣れていく。

　教師は，いくつかのグループを計画的に巡回し，学び合いの仕方について具体的に指導し，知的コミュニケーションの仕方を体得させるようにする。

②　ノートに書いてあることを比べる

　ひととおりグループによる学び合いが終わったら，それぞれがノートに書いてあることを比べて，どのような考え方があるか，誰と誰の意見が同じ（違う）か検討するとよい。

③　ノートに書き加える

　時間に余裕があれば，友達の説明を聞いたり，質問し合ったりし，考えが変わったり，気付いたことがあったりしたときには，それらをノートに赤鉛筆などで書き加えさせるようにする。学び合いのよさを実感させるきっかけになる。

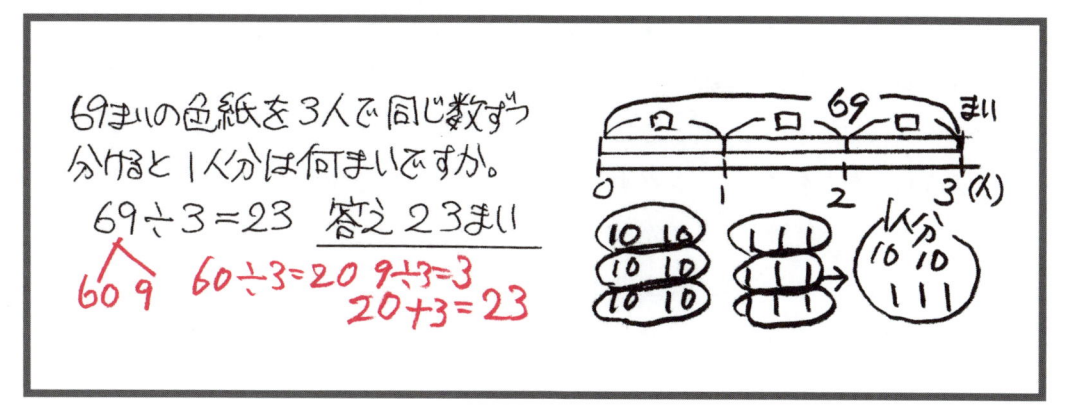

（5） 学習集団による学び合い・高め合い

　ペアまたはグループの情報交換を経て，学習（学級）集団全体で学び合い，高め合うようにする。知的コミュニケーションの重要な場面で，ここでの学び合いが，授業の終末の「学習のまとめ」につながっていく。

　① 発表の仕方を工夫させる

　ペアまたはグループによる情報交換を経て学級全体の学び合いに入ると，自分の考えがある程度はっきりしているし，友達の考えもある程度分かっているので，関心・意欲も高まっている。

　そこで，次のように発表の仕方を工夫して，主体的に学び合いが進められるようにする。

○ノートを実物投影機（OHC）で映して発表させる。
○ノートに書いてあることをボードに要約させて発表させる。
○教師が発想の違いを把握しておき，意図的に指名して発表させる。
○グループの代表をきめさせて，グループごとに発表させる。
○友達の発表した中に，自分の考え方がないときは，積極的に発言させる。

　② 考え方をグルーピングする

　考え方や仕方を発表させると，多様な考え方や仕方が出てくる。これらをそのままにしておいて，「今日はたくさんの考え方（仕方）が出てよかったですね」と言うことで授業を終えたとしたら，とてももったいないことである。

　次のような順序に子どもたちの考え方を整理し，どのような考え方が出たのかはっきりさせるようにする。

○間違い，不十分なものをみんなで批正し合う。
○似ているところ，違うところを検討する。
○似ている考え方をグルーピングする。
○グループにした考え方の特徴をはっきりさせる。

　このように考え方をグルーピングすると，どのような考え方があったのか，それぞれの考え方にどのような特徴があるのか，これらのことからどのようなことが分かるのかなど，知的コミュニケーションを進める上でとても役立つのである。また，自分の考えはこの中のどのグループに入るのか考察させることができ，考えを深めることにつながっていく。

　③ どれがよいか話し合う

　多くの意見が発表された。それを批正した後で，似たもの（同じもの）同士にグルーピングしていくつかの考え方に整理した。これで終わりにしては，知的コミュニケーション

第5章　知的コミュニケーション

は中途半端になってしまう。

　そこで，A, B, C, Dと整理された考え方の中で，どれがよいか検討させるのである。例えば，正しい結果が出るのはA, B, C, Dすべて，簡単（分かりやすい）なのはA, Cの2つ，いつでも使える（一般的）のはAだけ，だからこの中で一番よい考え方はAであるというように絞っていくことができる。子どもに分かりやすくするために，「た・か・い（正しい，簡単，いつでも）」を検討の指標にすることが考えられる（東京都足立区立千住第五小学校では平成19〜21年当時，「せ・か・い（正確，簡単，いつでも）」を実践していた）。

　ところが，多様な考え方の価値付けとしては，E, F, G, Hの4つの考え方に整理できたとき，そのすべてを「みんな違って，みんなよい」と認める場合がある。

　例えば，複合図形の面積を求める場合に，E, F, G, Hは，考え方（発想）の違いであって，どれも同等に認めてよいという場合があるということである。

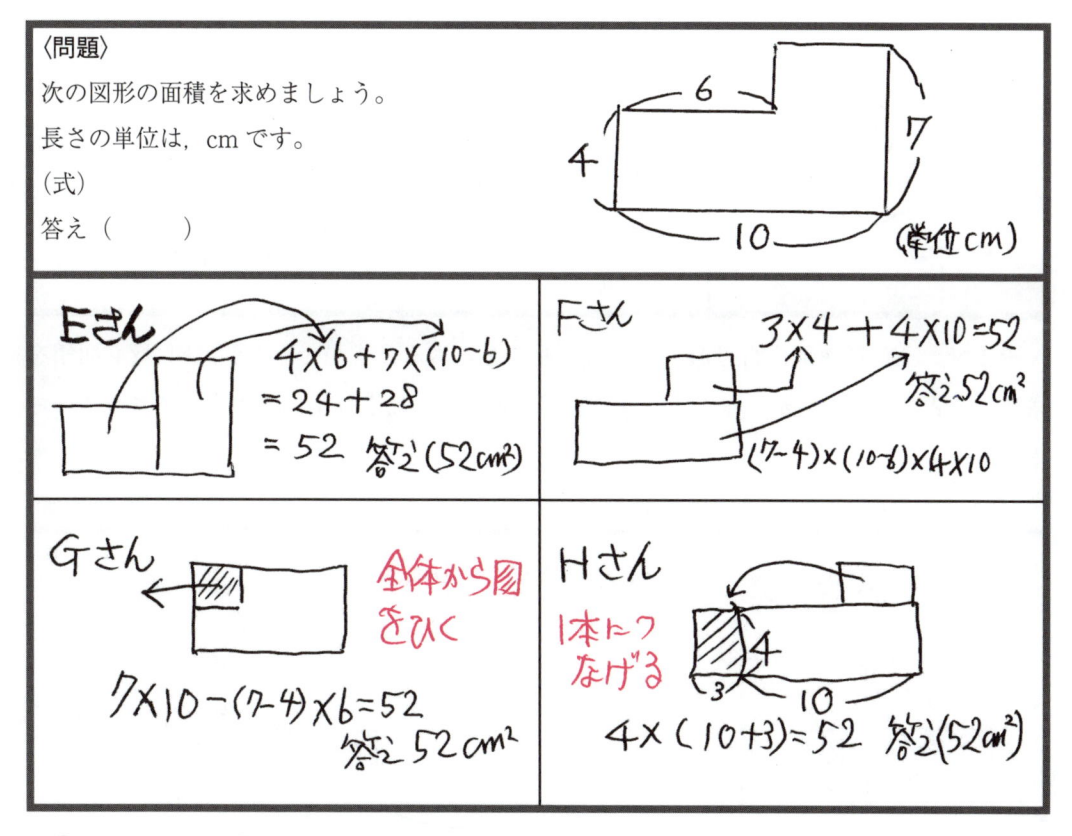

〈問題〉
次の図形の面積を求めましょう。
長さの単位は，cmです。
(式)
答え（　　）

Eさん
4×6+7×(10-6)
= 24+28
= 52　答え(52cm²)

Fさん
3×4+4×10=52
答え52cm²
(7-4)×(10-6)×4×10

Gさん
全体から図をひく
7×10-(7-4)×6=52
答え52cm²

Hさん
1本につなげる
4×(10+3)=52　答え(52cm²)

④　もっとよい考えがないか話し合う

　グルーピングした考え方を比較検討する中で，それぞれが発表した考え方はそれなりに認めることはできるが，「もっとよい考え方がありそうだ」とすっきりしないこともある。ここで，もう一押しして，「もっとよい考えがないか」と，話し合うことが必要となる。

45

5学年にひし形 ABCD（対角線 AC = 8cm，対角線 BD = 10cm）の面積の求め方を考える学習がある。次のようないろいろな考え方が出てくる。

〈自分の考え〉

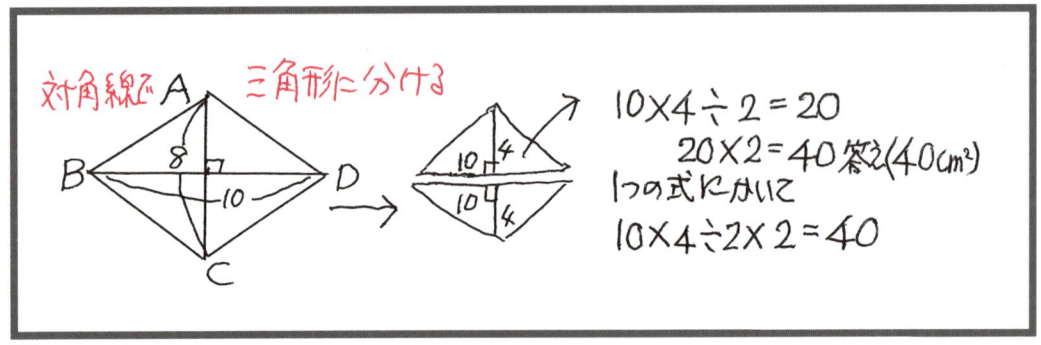

[図：対角線で三角形に分ける　10×4÷2=20　20×2=40　答え(40cm²)　1つの式にかいて　10×4÷2×2=40]

〈友達の考え〉

[図：4つの三角形に分ける（この4倍）／平行四辺形と見る（底辺・高さ）／長方形の1/2]

　そこで，三角形や平行四辺形，台形は，面積を求める公式ができた。「ひし形も面積を求める公式ができないか，みんなで考えよう」と，さらによりよいものを求めさせるのである。

〈公式にまとめられないか，みんなで考える〉

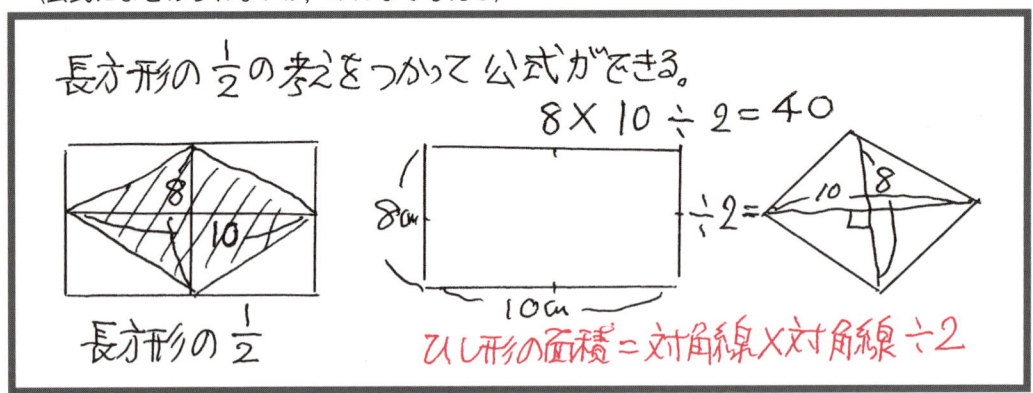

[図：長方形の1/2の考えをつかって公式ができる。　8×10÷2=40　長方形の1/2　ひし形の面積＝対角線×対角線÷2]

3 知的コミュニケーション能力を高める10のポイント

　子どもたちの実態として,「ノートには書けているのに, 発表しようとしない」「発表し合うだけで, 意見交換ができない」「質問はありませんかと聞いても何も出ないので, それで途切れてしまう」などが指摘されることが多い。

　これらは, 裏を返せば, 知的コミュニケーション能力を高めるための指導が意図的・計画的に行われていないという証左でもある。

　そこで, ここでは, 知的コミュニケーション能力を高めるにはどのようにしたらよいかについて, これまでに述べたことと重複することもあるが10のポイントに整理してみることにする。

(1) ポイント1　自分の意見や考え方を持たせる

　知的コミュニケーションは, 互いの仕方や考え方を伝え合い, 学び合って, 自分も高まるが友達も高まるという互恵の関係にあることが理想である。そのためには, 問題を解決するに当たって, 算数的活動を通してしたこと, 考えたこと, 気付いたことを, 自分の意見としてまとめておくことが大前提となる。

　そこで, ノートに仕方, 考え方, 気付いたことなどをまとめて書く習慣をつける必要がある。

　このことは,「自分の意見や考え方を持つ→それを基に知的コミュニケーションをして学び合う→自分の意見や考え方が高まる」ことになるからである。その意味で, 自分の意見や考え方を持たせ, ノートに書くことが大切である。

(2) ポイント2　意見のやり取りの約束を作る

　自分の意見や考え方を相手に分かりやすく伝えようと意識して説明できるようにするとともに, 相手の意見や考え方を理解しようと意識して聴く態度を身につけることが大切である。

　相手の意見や考え方を確認しうなずきながら聴く, 自分の考えと比べながら聴く, 誰と誰が同じ意見か比べながら聴く, 簡単なメモを取りながら聴く, 分からないことは質問する, もっと知りたいことはもう一度詳しく話してもらうなど, 説明と聞き方の簡単な約束を作るようにする。

（3） ポイント3　よいところ探しをさせる

　知的コミュニケーションを効果的に進めるためには，友達の意見や考え方のよい点に着目させて，それを相手に知らせたり，ノートに簡単にメモをさせたりする。

　このことによって，友達のよいところを取り入れて自分の意見や考え方をよりよくするとともに，友達に自信を持たせることができる。友達からよい点を指摘してもらい，自分自身が自信を持つことにもつながる。

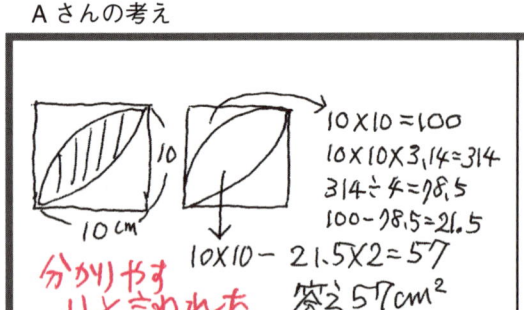

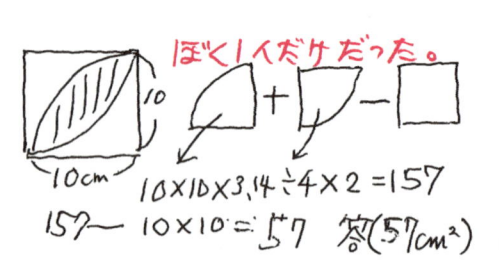

Aさんの考え　　　　　　　　　　　　　Bさんの考え

（4） ポイント4　不十分なところを見つけ，よくなるように助ける

　間違いや欠点を指摘することは，する側もされる側もあまりよい気持ちのするものではない。この嫌な気分を緩和するために，「友達の間違いや直したほうがよいことは，きちんと知らせてあげましょう。そして，その後で，友達が正しい答えになるように，うまく直せるように手伝いましょう」と，友達がよりよくなるように助けることを指導することが大切である。例えば，次の問題に対する○○さんの考えに対しては，「AとBが試合をすることは，BとAが試合をすることと同じことだからおかしい」と指摘し，さらに，「同じ試合のものを消していくと正しい答えが求められる」と助けていくことが考えられる。

〈問題〉ABCD 4チームがどのチームとも1回ずつ試合をします。試合の組み合わせは何通りありますか。

（5） ポイント5　別の見方をする

　1つの仕方で解決できたら，もう1つ別の仕方がないか考えてみることが大切である。知的コミュニケーションの場合も同様で，いろいろ出た考え方の他に，別の見方をしてみる必要がある。

　例えば，6学年の角柱の体積を求める問題では，右図のような立体の体積は，いくつかの求め方があるが，別の見方「結合法則を使う」と，結局，角柱の体積＝底面積×高さの公式で求めることができるとまとめられる。

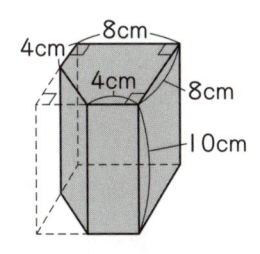

四角柱ー三角柱　　8×8×10－4×4÷2×10＝640－80＝560

底面積×高さ　（8×8－4×4÷2）×10＝560　　　答え(560cm³)

結合法則を使うと四角柱ー三角柱を底面積×高さと同じ考え方にできる。　8×8×10－4×4÷2×10＝(8×8－4×4÷2)×10
　　　　　　　　　　　　　　　　　　　　　　　　　底面積　　高さ

（6） ポイント6　新しい考え方を提案する

　今までしてきたことが，少し新しい考え方を取り入れることで分かりやすくなることがある。知的コミュニケーションでは，「このようにしたらどうか？」という発想を奨励するようにする。次のような例を挙げることができる。

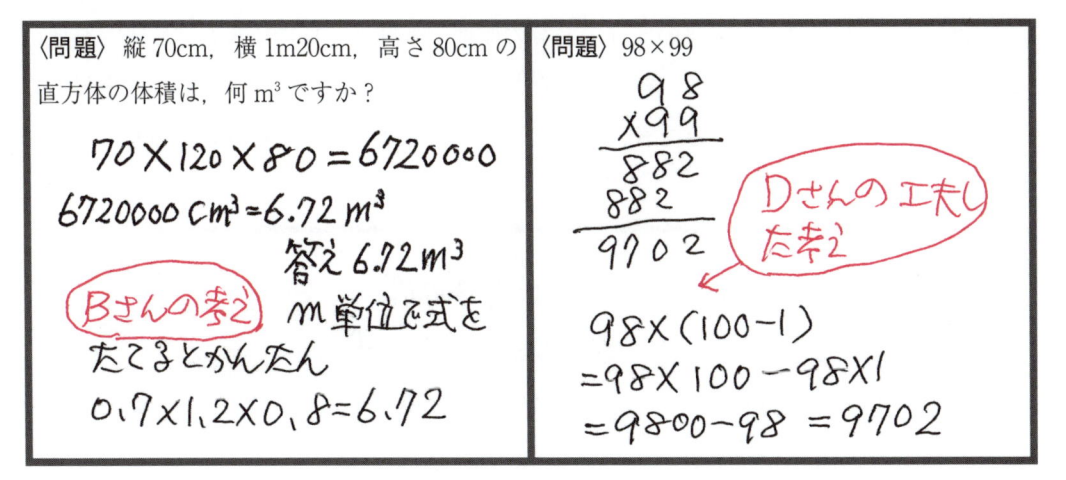

〈問題〉縦70cm，横1m20cm，高さ80cmの直方体の体積は，何m³ですか？

70×120×80＝6720000
6720000cm³＝6.72m³
　　　　　　　答え 6.72m³

（Bさんの考え）m単位で式をたてるとかんたん
0.7×1.2×0.8＝6.72

〈問題〉98×99

```
   98
  ×99
  ───
  882
  882
  ────
  9702
```

（Dさんの工夫した考え）
98×(100－1)
＝98×100－98×1
＝9800－98＝9702

（7） ポイント７　もっとよくなるように協力させる

　様々な仕方や考え方，気付きが出そろい，正しい結果（答え，結論・判断）が得られ一段落したあとの「もっとよくならないか？」という知的コミュニケーションが実は大事なのである。

　どれが一番よいか，これらの考えを１つに統合できないか，これらを超えるもっとよい考え方はないか，これを追究することに知的コミュニケーションの醍醐味がある。「もっとよくなるように協力し合う」ことのすばらしさ，よさを実感させることが大切である。

　5学年の小数÷小数を例に説明してみよう。4学年で整数÷整数，小数÷整数は既習である。5学年で整数÷小数を学習した後，小数÷小数の63.45÷1.5の計算の仕方を考えるとき，次のような発想が予想される。

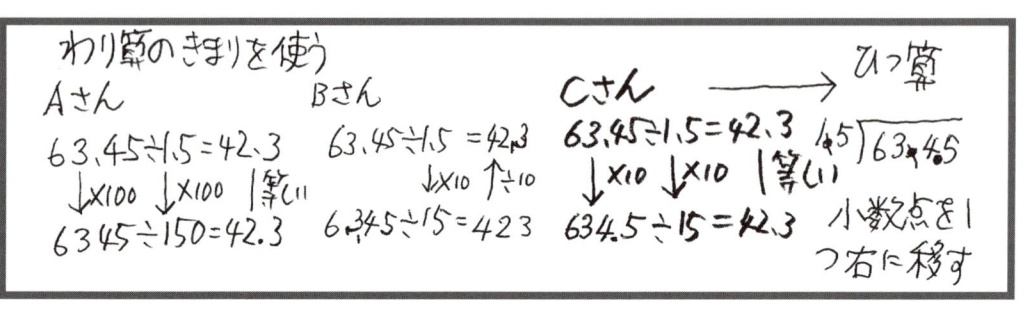

```
わり算のきまりを使う                                    → ひっ算
Aさん           Bさん           Cさん
63.45÷1.5=42.3  63.45÷1.5=42.3  63.45÷1.5=42.3   15)63.45
↓×100 ↓×100 |等しい  ↓×10 ↑×10     ↓×10 ↓×10 |等しい
6345÷150=42.3   6.345÷15=423    634.5÷15=42.3   小数点を1
                                                 つ右に移す
```

　ここで知的コミュニケーションをする過程で，小数÷整数になるようにわる数を整数になるようにすればよい。さらに，それなら，わる数が整数になるように小数点を移して，それと同じだけわられる数の小数点も移せばよいのではないかと，みんなで協力してよりよくすることができる。

　これは，わり算の性質と計算の原理，計算の原理を筆算（アルゴリズム＝形式的処理）につなげることを意味している。極端にこだわる必要はないが，計算はすばやく正確にできればよいと，筆算の手順のみを教え込み，ひたすらドリル漬けにする展開を考え直すべきである。

```
わる数とわられる数                        小数÷整数にする            筆算 15)63.45  42.3
に同じ数をかけても  ⇒  63.45÷1.5  ⇒                            60
商は変わらない           ↓×10 ↓×10                              34
a÷b=(a×c)÷(b×c)        634.5÷15                                30
                                                                45
                                                                45
                                                                 0
```

（8） ポイント8　友達のよい点を学び取る

　知的コミュニケーションを通して，自分の考え方と比べ，友達の仕方や考え方，気付きなどを理解し，「よい考え方だ」「これを取り入れたい」「なるほど，このようにすればよかったのか」「このほうが分かりやすい」などと思えることを発見させることが重要である。

　それをノートに記録させ，自分の仕方や考え方，気付いたことを振り返らせ，次のように，友達から学び取らせるのである。このことは，学習のまとめや感想などのノートの記述から読み取ることができる。

　自分自身の考えを意識しながら，友達から学び取って，よりよい方向に変容していることが読み取れる。当該の子どもをほめて意欲付けるとともに，学級の子どもたちに紹介し，友達から学び取るモデルとしたい。

```
〈友達の考えを取り入れる〉
　ゆうきくんは、計算のと中で約分していたのでかんたんになっていた。
　ぼくもこれから、と中で約分します。 1 2/3 × 4/5 = 5/3 × 4/5 = 4/3 = 1 1/3
〈○○さんのように説明したい〉
　りつ子さんは、はじめに、次に、さいごと説明した。つかさくんも
　①，②，③と順番に説明して、わかりやすかった。わたしも、これから
　あのように説明したいです。
```

（9） ポイント9　自分のよさや足りないところを自覚させる

　ノートに書くことによってだけでなく，知的コミュニケーションによって，自分の仕方や考え方，気付きなどのよさに自信を持つことがある。また，友達のよさを認める発言やノートの記述に自信を持ち，学習意欲の向上につながることになろう。当然，逆に自分の間違いに気付かされることもあろう。

```
〈よい点の自覚〉
　ぼくは、数直線にかいたので、すぐわり算とわかりました。こ
　れからも図や数直線にかいて考えます。
〈不足の自覚〉
　(もとにする量)×(割合)＝(比べられる量)の公式は覚えましたが、もと
　にする量と比べられる量が分からなくなって式をまちがえました。見分
　け方を気をつけたいです。
```

(10) ポイント10　もっと学習したいことを意識させる

　子どもは，ノートに書くこと，ノートに書いたことを振り返ること，さらに知的コミュニケーションを通して学び合うことによって，次のような感想を持つことがある。

　このように，もっと学習したいことを意識し，感想に書いたときは，その子どもをほめるとともに，モデルとして友達に紹介し全体の方向付けに活用したい。

〈不足を自覚しもっと学習する〉
きょうは式はあっていたのに計算ちがいをして，×になりました。かけ算のひっ算をれんしゅうして，これからは，まちがえないようにします。
〈関心を高め，もっと学習したい〉
分母が同じ分数は，分母はそのままで分子をたせばよいと分かりました。分母がちがう分数のたし算では，どのようにたすのか勉強したいです。
〈別のことをもっと学習したい〉
今日は，小数のかけ算のべんきょうをしました。わりあいよくわかりました。今度は，小数のわり算のしかたを知りたいです。よく考えて，早くやりたいです。

★子どもの本心

　子どもの中には，「『先生は，いろいろ考えましょう』『仕方を工夫しましょう』と言っても，最後は，『○○さんの考えが一番よい』とまとめて，私の考えなんていつも認めてくれない」と，心を痛めてあきらめている例が少なくない。

　このようなことが続くと，子どもは素朴な考えや自信のない意見などは自己規制して発表しなくなる。そして，知的コミュニケーションへの参加が消極的になり友達から学び取る態度にかげりが出て，変容が鈍ることになる。

　これでは，子どもの発想の仕方，その子どもの考え方や仕方の傾向すなわちその子どもの「自分流」を評価しないことになる。その子どもの素朴な発想の中にあるきらりと光るもの，粘り強い努力などを積極的に見つけ，「よりよい考え方」の中に位置付けてやるようにしたいものである。

4 知的コミュニケーションのゴール

　知的コミュニケーションは，どのようなゴール（効果，結果）をもたらすのであろうか。算数科を中心に考えると，次のようなゴールが想定できる。

（1）　個々の子どもの深まりや高まり
　自力解決の方法や結果は，独自性もあるが，一面的で断片的な場合もある。間違いや思い違い，不十分さもあろう。知的コミュニケーションにより，自分のよさや正しさが確認できるだけではなく，間違いや不十分さが分かり，異なる気付きに触れて自分自身の理解が深まり，考え方が高まる効果が期待できる。

（2）　学習集団の深まりや高まり
　ペアやグループ，学級全体による知的コミュニケーションにより，多様な仕方や考え方に触れることができる。しかし，それだけでは物足りないことがある。そこで，さらに，よりよいものを追究する。異見は新しい発想を誘発する。新しいことが生み出され，学習集団の深まりと高まりが期待できる。

（3）　知的コミュニケーションのよさが分かる
　自分の意見や考え方を持った子どもが複数集まり，知的コミュニケーションをすることによって，個人も，学習集団も深まり高まった事実を実感し，そのよさに気付くことができる。知的コミュニケーションのよさ（意義）が分かり，学びの場においても好ましい人間関係の成立が期待できる。

（4）　知的コミュニケーション能力が育つ
　知的コミュニケーションを効果的に進めるためには，理解しようとして正確に聴く，相手を認め励ましながら聴く，本当かなと批判的に聴く，言い分を要約しながら聴く，分からないことはその場で質問する，自分の考えに役立つことはないか聴く，新しいものができないか考えながら聴くなどの技能を身に付けさせる必要がある。知的コミュニケーションの豊かな体験によって，この能力を育てることにつながる。

第6章

学習したことのまとめ

　学習のまとめを書き留めるノート指導は従来から行われてきた。ところが、学習のまとめについて、2つの課題が残されていると指摘できる。

　その第一は、「学習のまとめ」として書かせる内容が曖昧で、後で既習事項として活用しにくいということである。

　第二は、授業の展開が思い通りに進まず、学習のまとめの段階がきちんと行えず、何を学習したのかまとめ切れないことが少なくないことである。

　そこで、第6章では、次の2つの視点から効果的な「学習のまとめ」について説明する。

> 1. 学習のまとめの意義
> 2. ノートの「学習のまとめ」のさせ方

1 学習のまとめの意義

　じっくり考えさせたために，あるいは検討（知的コミュニケーション）に時間がかかったために，学習のまとめを省略せざるを得ないことがよく起こる。

　しかし，学習のまとめの重要さをあらためて考えると，学習のまとめをおろそかにできないことが分かる。

（1） 学習のまとめの意義

　意味を理解した知識，原理を理解したアルゴリズム（形式的処理），発想や工夫した考え方は，学習のまとめとしてきちんとノートに書かせ，記憶し，習熟させ，問題解決に活用できるようにしておくことが重要である。

　したがって，授業の終末における学習のまとめは，理解の成立の確認とともに，まとめたことが既習事項として活用しやすくするためにも大きな意義を持っている。したがって，ノートに学習のまとめをきちんと書かせること，書けるようにすることはきわめて重要なことである。

① 既習事項としての蓄積

　問題解決や新しいことを学び取るためには，どのように考えたらよいか，どのような仕方をしたらよいか見通しを持つことが不可欠である。

　見通しを持つためには，その基になるものや手がかりが必要になる。それが既習事項である。学習のまとめとして，ノートに書いた知識，技能，考え方などは既習事項としての意義（価値）がある。

② 既有経験・学習体験としての蓄積

　知識や技能，考え方ではないが，図にかいて考えたらうまくいった，表にして対応する2量の関係を調べたら解決できたなど，既有経験も問題解決に役立った，また，解決の過程や結果を振り返ることで間違いを見つけ正しくすることができた，グループで協力して考えたらよい方法を見つけることができたなどという学習体験も貴重である。

　したがって，学習のまとめとして，どのようにしたのかなど算数的活動の要点や体験なども簡潔に書かせることには意義が認められる。

（2） 何をまとめさせるか

　学習のまとめとして，何をまとめさせたらよいか教師としてはっきりとした見解を持たなければならない。

① 知　識

　意味や性質など理解したことは知識としてノートに整理して書かせる。必要最小限に，簡潔に書かせることが大切である。

> ○ 折れ線グラフは，変化の様子を見るのに便利なグラフです。
> ○ 線の傾きで，変わり方が分かります。
>   　上がる　　　変わらない　　　下がる
> ○ 線の傾きが急なほど，変わり方が大きいです。

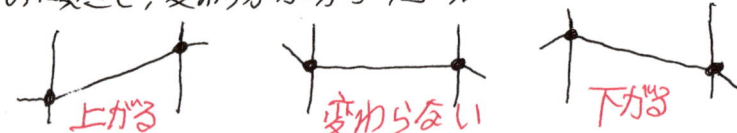

② 技　能

　技能（原理やアルゴリズム）に関することも，可能な限りノートにまとめさせる。あとで，このようにすればよいのかと役立つように書かせるようにする。教科書の「○○の仕方」などを参考にすると分かりやすい。

〈原理の例〉

$$\frac{5}{7} \div \frac{3}{4} = \frac{5}{7} \times \frac{4}{3}$$
$$\frac{5}{7} \times \frac{3}{4} \div 1 = \frac{5}{7} \times \frac{4}{3}$$

> わられる数とわる数に同じ数をかけても商は変わらないので，わる数が1になるようにわる数に $\frac{4}{3}$ をかけます。わられる数も

〈アルゴリズムの例〉

$$\frac{5}{7} \div \frac{3}{4} = \frac{5}{7} \times \frac{4}{3} = \frac{5 \times 4}{7 \times 3} = \frac{20}{21}$$

$\frac{5}{7} \div \frac{3}{4}$ は，わる数の $\frac{3}{4}$ の逆数 $\frac{4}{3}$ をかけるかけ算にして計算します。　$\frac{b}{a} \div \frac{d}{c} = \frac{b}{a} \times \frac{c}{d}$

③ 考え方

　考え方の場合は，自力解決の段階の「自分の考え」に既に書いてあることがある。その場合は，コミュニケーションを通して新しく知った考え方を付け加えて書かせればよい。

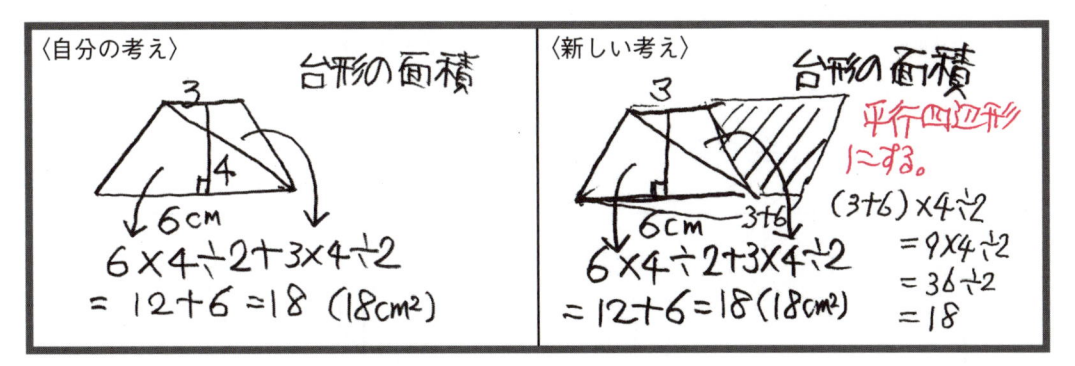

〈自分の考え〉　台形の面積

3
4
6cm
6×4÷2＋3×4÷2
＝12＋6＝18（18cm²）

〈新しい考え〉　台形の面積

平行四辺形にする。
3
6cm　3＋6
6×4÷2＋3×4÷2
＝12＋6＝18（18cm²）

(3＋6)×4÷2
＝9×4÷2
＝36÷2
＝18

　また，図や式などを用いて簡潔に考え方を書かせることも，理解を確実にするとともに印象付けるために効果的である。

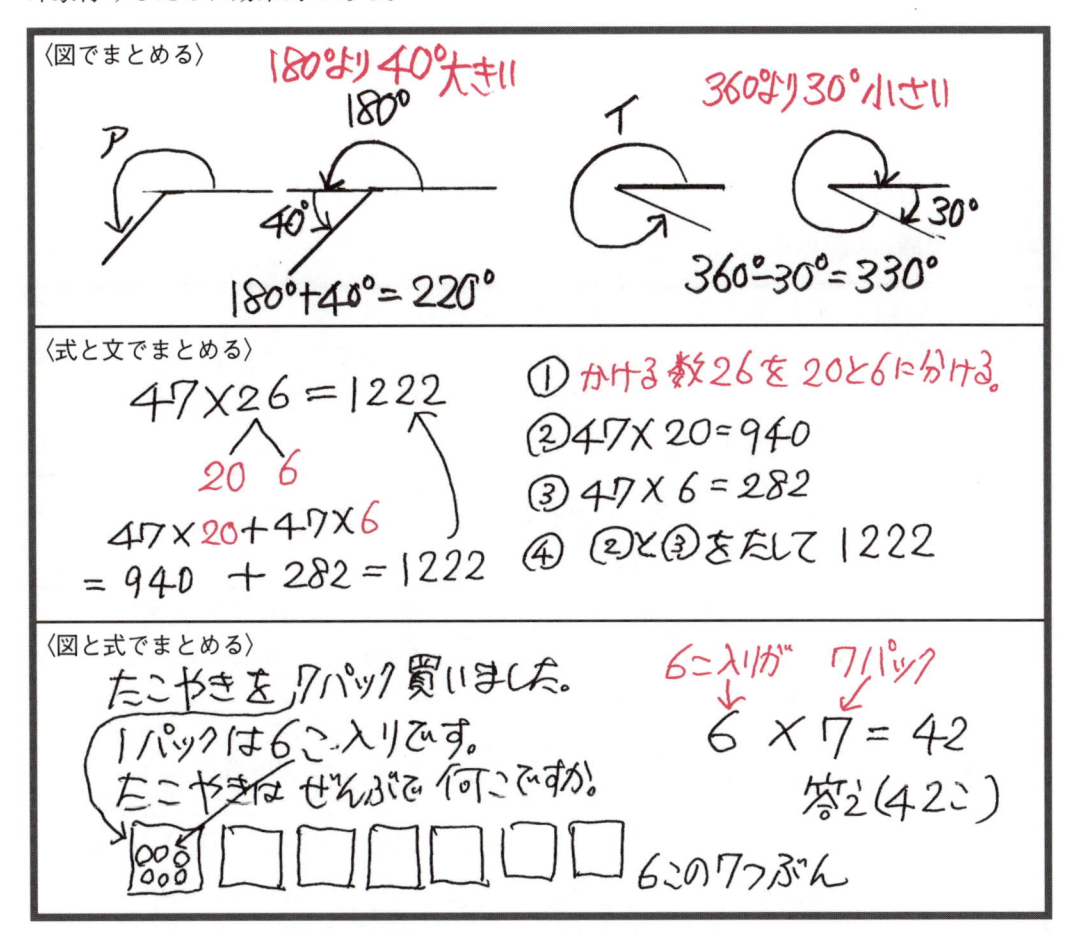

〈図でまとめる〉

180より40°大きい
ア　180°
40°
180°＋40°＝220°

360°より30°小さい
イ
30°
360°－30°＝330°

〈式と文でまとめる〉

47×26＝1222
　　　　20　6
47×20＋47×6
＝940＋282＝1222

① かける数26を20と6に分ける。
② 47×20＝940
③ 47×6＝282
④ ②と③をたして1222

〈図と式でまとめる〉

たこやきを7パック買いました。
1パックは6こ入りです。
たこやきはぜんぶで何こですか。

□□□□□□□　6この7つぶん

6こ入りが　7パック
6×7＝42
　　答え（42こ）

④　学習体験

　算数的活動や学習体験も，簡潔にノートに記録しておくと，後から問題解決に役立つことがある。簡単な図やキーワードなどで書かせておくとよい。

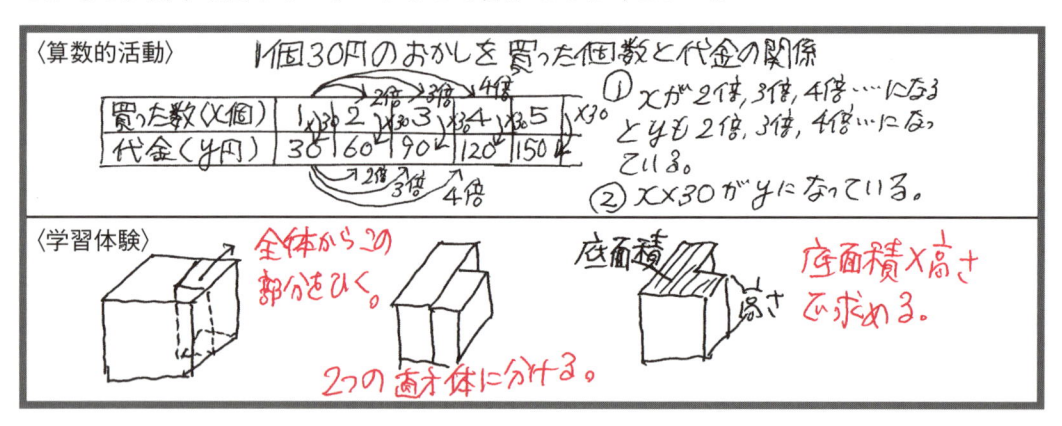

〈算数的活動〉 1個30円のおかしを買った個数と代金の関係
買った数（x個） 1, 2, 3, 4, 5 …（2倍，3倍，4倍） ×30 代金（y円） 30, 60, 90, 120, 150 …（2倍，3倍，4倍） ① xが2倍，3倍，4倍…になるとyも2倍，3倍，4倍…になっている。 ② x×30がyになっている。
〈学習体験〉 全体からこの部分をひく。／2つの直方体に分ける。／底面積×高さで求める。

⑤　学習感想

　学習のまとめの後に，学習感想を書かせる場合もある。自分の学習活動の振り返り，進歩したこと，難しかったこと，友達の考え方について，質問，もっと学習したいことなど，いろいろなことを書かせることができる。子ども自身の授業の振り返りは，教師の授業評価としても活用できる。発達段階を考慮して進めることが大事である（学習感想については，次章で詳しく述べる）。

〈学習について〉当てはまるところに○を書きましょう。

　（○）よく分かった　　（　）大体分かった　　（　）分からないところがある
　（　）発表できた　　　（○）少し発表した　　（　）発表できなかった
　（　）大変楽しかった　（○）楽しかった　　　（　）楽しくなかった

〈感想例〉

きょうは，このまえのさくらんぼにしてやったのでせいこうしてうれしかった。

この前はxでたのしくなかったです。きょうは図をかいてうまくいきました。これからも図にかきます。

わたしは12×23を12を10と2に分けてやりました。りつ子さんは23を20と3に分けてやりました。なるほどと思いました。

今日は，比例の考えを使って，わら半紙の数を調べました。算数が使える体験をしました。比例は5年で知ったけど，2年のときの九九も比例ですね。？！

2　ノートの「学習のまとめ」のさせ方

　それでは，ノートに学習のまとめをさせる場合に，どのように指導したらよいか検討してみる。発達段階に即して，無理なく，低・中・高学年の長期的な展望を持って徐々に高めていくことがポイントになる。

（1）　板書を写させる
　最初は，子どもの発言をつなぎながら教師がまとめをし，正確，明確，簡潔に板書する。それを子どもに視写させる。一定の時間がかかるので，ノートに書く時間を設けることが必要になる。いわば，教師がノートの書き方のモデルになっているのである。

（2）　教科書のまとめを写させる
　また，授業の終末で子どもの発言をつなぎ学習のまとめをある程度したら，教科書の該当ページを見せて，今日の学習のまとめはこのようになると確認する。その後で，そこをノートに書き写すよう指示する。教科書はよく検討されていて，図や文，数や式などを用いて，正確，明確，簡潔に表現されているのでよいモデルになる。

（3）　（　）に大事なことを入れさせる
　次の段階は，学習のまとめの大枠を示しておいて，重要な用語や見方などを（　）で示して板書する。（　）に用語や見方などを書き入れながらノートに学習のまとめを書かせるのである。重要な事柄を確認しながら学習のまとめの書き方を学習させることができる。最後に確認が必要である。

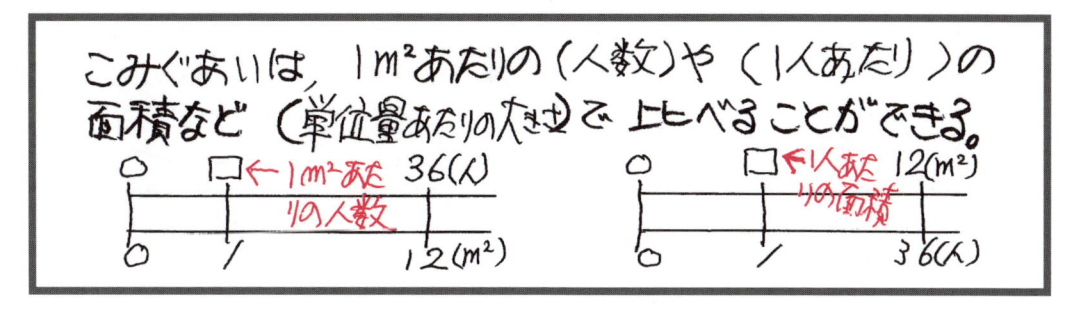

（4） 視点を示して，自分で書かせる

　その次の段階では，学習のまとめの視点を示して，後は自分で学習のまとめをさせてみる。はじめはうまくできないが，次第に，コツがつかめ，短時間で学習のまとめができるようになる。

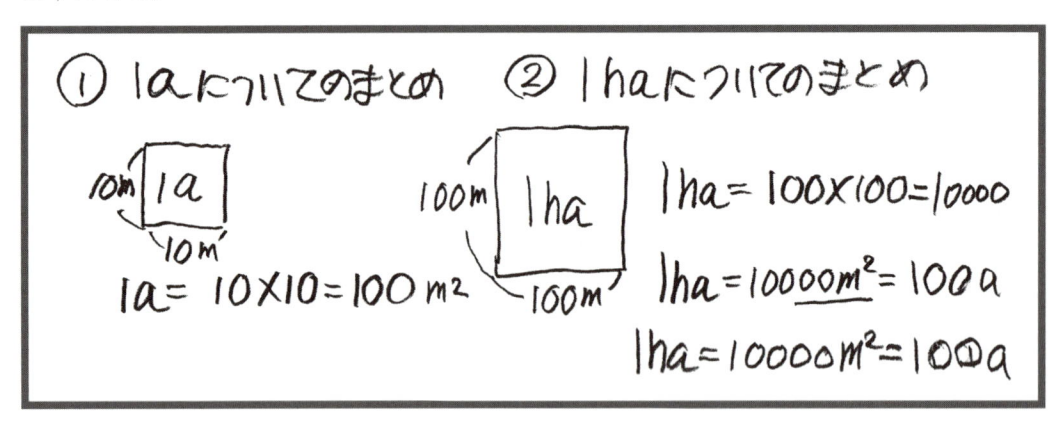

```
① 1aについてのまとめ    ② 1haについてのまとめ

  10m □1a           100m □1ha      1ha = 100×100 = 10000
     10m              100m
                                    1ha = 10000m² = 100a
  1a = 10×10 = 100m²
                                    1ha = 10000m² = 100a
```

　ただし，この場合は，確認が必要である。教科書の該当ページを見せて確認すれば，正確にまとめることができ，問題解決の際に既習事項として想起しやすくなり効果的である。

（5） 自分で書かせる

　最終的には，今日学習したことのまとめは，自分でノートに書けるようにしたい。高学年になったら意識的に自分で書くように求める。子どもの学習成果の自己評価になるとともに，教師にとっては子どもによる授業評価として活用することができる。

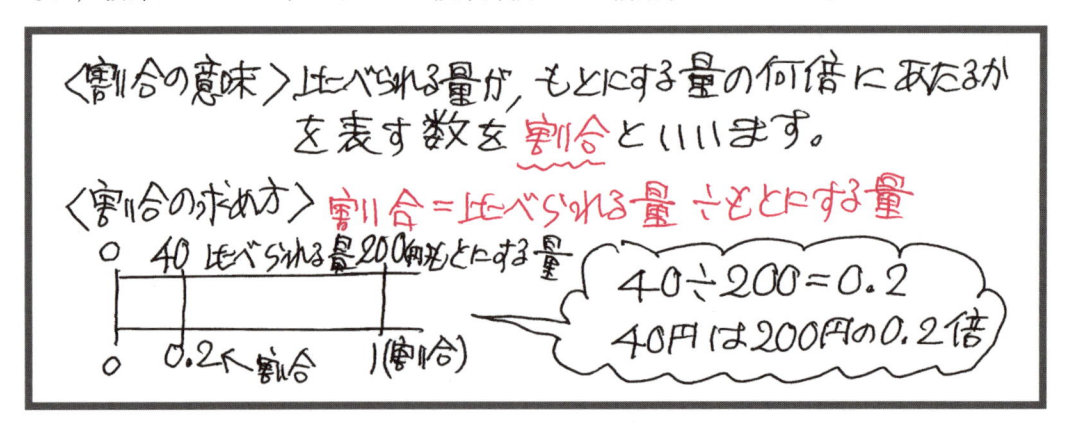

```
〈割合の意味〉比べられる量が，もとにする量の何倍にあたるか
            を表す数を 割合 といいます。

〈割合の求め方〉 割合 = 比べられる量 ÷ もとにする量

  ○ 40 比べられる量 200円 もとにする量     ┌─────────────┐
  ├────────────────────────┤         │ 40÷200 = 0.2   │
  ○    0.2(割合)    1(割合)            │ 40円は200円の0.2倍│
                                      └─────────────┘
```

　ただし，学習のまとめが正確，明確，簡潔にできているかどうか確認する必要がある。教科書の該当ページで確認させるようにする。ときには，ノートを集めて教師が点検し，励ましのコメントを書くようにするとよい。

第7章

学習感想

　算数の学習において「学習感想」を活用することを考えたい。1単位時間（一区切り）の学習を通して，自分が何を学習したか，感じたか，気付いたかなどの感想を記録しておくことは，算数の学習だけでなく，学ぶということについて自分の成長を確認する機会としても重要である。

　第7章では，「学習感想」の意味と書かせ方について次の3つの視点から整理してみる。

> 1. 自己評価
> 2. 友達から学ぶ
> 3. メタ認知

1 自己評価

　ノートに書かせる（書かせたい）こととして，「学習感想」と称して，自己評価や学習への取り組みについて振り返らせることが考えられる。既に多くの教師が実践しているが，それらを総括して，整理してみる。

（1） 学習の成果

　何が分かり，何ができるようになり，どのような考え方が身に付いたかなど，学力の自己評価を「学習感想」として書かせることがある。学習のまとめと重複するきらいはあるが，あくまでも子どもが１単位時間（一区切り）の学習を終えて，自分の成果をどのように見ているかノートに書かせることに主眼を置く。
　その場合，次のように学年の発達段階に応じた工夫が必要である。

〈1学年の例〉
わかりましたか？
　　はい（〇）　　　ふつう（　）　　　もうすこし（　）

〈2学年の例〉分かりましたか？
　　（　）よく分かった　　（〇）少し分かった　　（　）分からなかった
〈かんそう〉　8のだんの九九がつくれました。8ずつふやしてつくりました。3のだんと 5のだんをたすと 8のだんになるのがむずかしかったです。

〈3学年の例〉
　小数のあらわしかたがわかりました。10cmが0.1mなので，1m50cmは1.5m，160cmは1.6mと小数であらわせるようになりました。

〈5学年の例〉
　$\frac{2}{5}+\frac{3}{4}$ の計算の仕方を考えました。分母がちがうときは通分して分母を同じにして計算することに気づきました。

（2） 学習状況

　自分の学習への取り組み（学習の仕方，学び方，学習への参加状況など）について振り返らせ，その感想をノートに書かせる。この場合は，教師が日ごろ強調している「よく考えたか」「発表したか」「話し合いに参加できたか」などのいくつかの視点から書くようあらかじめ示しておくとよい。

① 選択と自由記述の組み合わせ

　低学年では，選択肢で自己評価させる。また，途中の段階では，次のように選択肢と自由記述を組み合わせ，次第に慣れさせていくことが大切である。

考えた	(◯) よく考えた　　( ) 少し考えた　　( ) この次がんばる
発表した	( ) よくできた　　(◯) 少しできた　　( ) この次がんばる
話し合い	( ) よくできた　　(◯) 少しできた　　( ) この次がんばる
〈感想〉	おはじきをつかってかんがえました。せつめいがあまりできませんでした。

② 自由記述

　慣れてきたら，自己評価を文章で書かせるようにする。はじめ，子どもは思い通りに書けないであろうし，教師の期待したようには書けていないであろうが，少しの進歩を見つけ，大きくほめることによって自信を持たせ，前向きにしていくことが大切である。

〈低学年の例〉
ノートのますめをつかって，長方形がかけました。はんの人にかきかたをせつめいできました。

〈中学年の例〉
コンパスを使って，8cm,5cm,5cmの二等辺三角形のかき方が分かりました。みんなの前で，説明しました。はじめに8cmの辺をかいてたったので，かきやすかったです。

〈高学年の例〉
縮図は合同な図形のかき方と同じやり方でかけることがわかりました。三角形のかき方が大事です。

2　友達から学ぶ

　学習のまとめの段階での「学習感想」には，知的コミュニケーションを通して，友達から学んだことについてノートに書かせることも必要である。自分自身の深まりや高まりを自覚できるようにするという意義がある。

(1)　友達のよさ

　友達の意見や考え方を聴いて，「自分は気付かなかった」「すごく分かりやすい」「あれを使えばよかったのか」など，そのよさに気付くことがある。それを素直にノートに書かせるようにする。このことによって友達から学ぶことの有用性，知的コミュニケーションの大事さを実感させられる。

> 大きな数を読むとき，小林さんは4けたずつ区切って万，億，兆と分かりやすくしていた。ぼくもこれからやりたい！
>
> 三角形ABCと三角形DEFが合同かどうかは，3つの辺の長さが同じかどうかを調べればよい。ぼくは，ものさしで測った。りつ子さんはコンパスで比べた。べんりなので，この次はコンパスを使う。

(2)　自分とのかかわり

　自分の考えを図でかいたのがMさんの説明，Kさんの仕方を自分の仕方と組み合わせるともっとよくなるなど，自分とのかかわりでとらえ，それをノートに書くことがある。このような関連付ける感想が目についたら子どもをほめるとともに学級全体に紹介して方向付けるようにしたい。

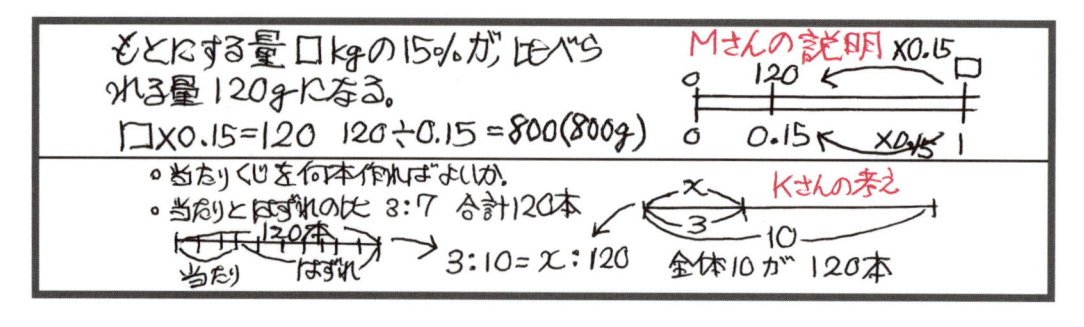

> もとにする量□kgの15%が，比べられる量120gになる。
> □×0.15=120　120÷0.15=800(800g)
> 　Mさんの説明　×0.15
> 　　0　120
> 　　0　0.15　　×0.15　1
>
> ・当たりくじを何本作ればよいか。
> ・当たりとはずれの比　3:7　合計120本
> 　　当たり　はずれ　→ 3:10=x:120
> 　Kさんの考え
> 　　x　3　10
> 　全体10が120本

3 メタ認知

「学習のまとめ」は，子ども自身の学習の現在（現実）を自覚し，近い将来に向けて，何をすべきかを考えるきっかけにもなる。

（1） よい点の自覚

自分の仕方や考え方がよかったとか，粘り強く考えた結果分かるようになったのでこれからも最後までがんばるなどという，自己肯定感にかかわる感想がノートの中にあったときには，教師は共感して自信を持たせいっそう意欲付けるようにしたい。

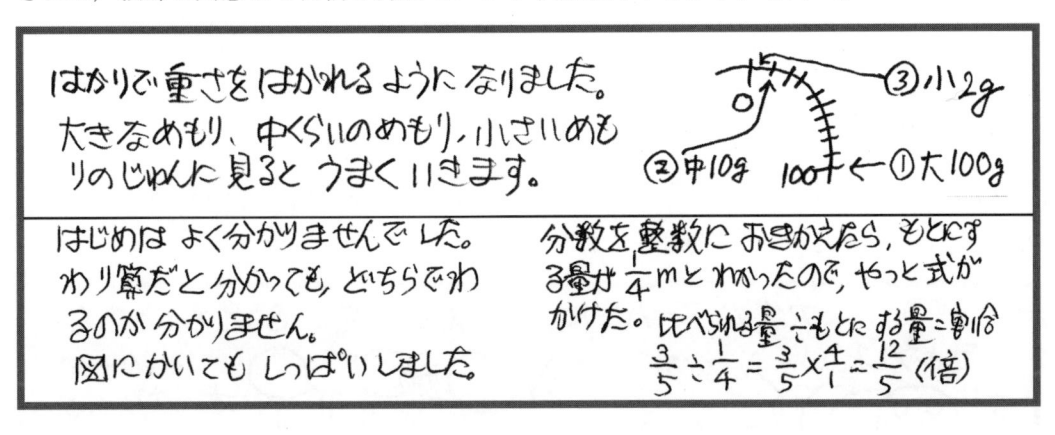

（2） 改善点の発見

ときには，自分の理解度や学習への取り組みを厳しく見つめるノートもある。このときは，よりよくなりたいと思っている子ども，自分に厳しい子どもだと思われるので，自省の態度をほめ，励ますようにしたい。また，教師の指導のあり方に改善点はないかという視点からの考察も必要である。

（3） 不足の気付き

　学習状況を振り返り，自分の不足している部分やこれからもっとがんばらなければならないことに気付き，それらをノートに書いている子どももいる。

　メタ認知としては高度なものである。内容に応じて，子どもと面談し丁寧に指導し，前向きな態度を認め励ましたい。

　なお，子どもの感想の背景に，教師の指導で反省すべきことがないか検討し，思い当たることがあったら直ちに改めることが必要である。

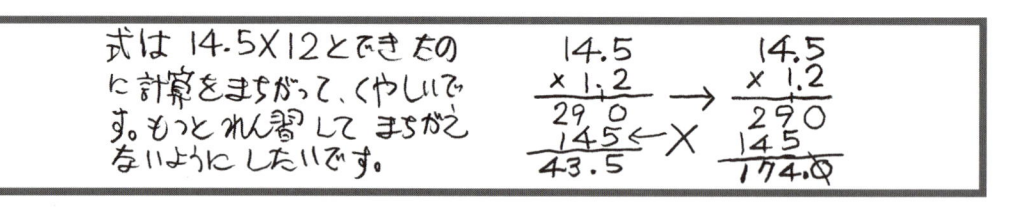

（4） 将来展望

　算数の授業で学習したことから，今後の学習に対する関心を広げたり，将来のしたいことや生き方に及んだりする感想も目にする。

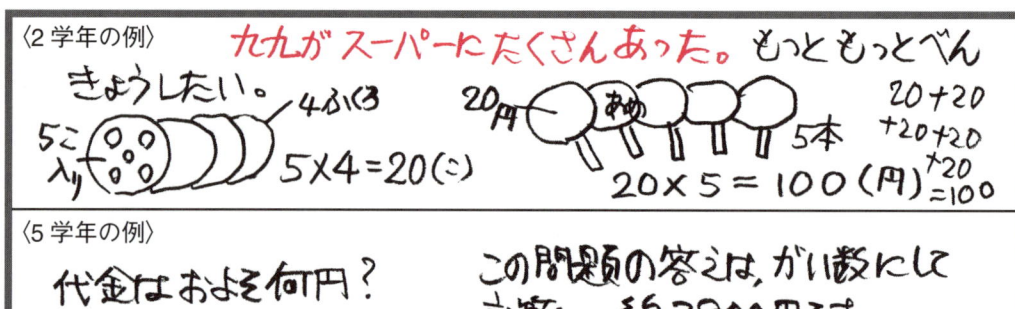

第8章

レポート・論文の作成

　算数科では，問題を解決する際に，算数的活動を通して，見通しを持ち，筋道を立てて考え，表現しながら行うことになる。このことは，文章題の形式を取りながら問題の提示があり，それを解決するということになるので，表現する内容は，問題の解決の仕方や考え方，結論（結果，答え）とその説明という比較的短いものになることが多い。

　そこで，やや発展的な扱いになるが，年間指導計画に明確に位置付けて，算数の学習内容に関するレポートや論文を作成する学習体験をさせることも考えたい。

　第8章では，算数科におけるレポートや論文作成の意義や作成の仕方について，以下の視点から解説する。

> 1. 説明を求める問題の提示
> 2. 算数がどのように活用されているか調べてレポートを作成
> 3. 自分の考えを論文に作成

1 説明を求める問題の提示

　文章題について，多くの場合「式を立て，書き，計算して，答えを書く」で終わりとしている。これに対して，解決の過程を説明させたり，なぜそれでよいのか根拠を挙げて説明（証明）を求めたりして，ノートに書かせる実践が行われている。算数科の目標「……考え，表現する能力を育てる……」の実現につながり，文部科学省学力調査Ｂ問題やPISA数学的リテラシー・読解力が求める学力の向上につながるものである。

（1）計算の仕方を考え説明する

　計算や作図は正確にできることが重要である。それだけに，正確なアルゴリズム（手順に従った形式的処理）を求めがちであるが，なぜその式でよいのか，どのように計算するのか，なぜそれでよいのかなどの説明を求めることが重要である。演算決定の力，計算の原理，計算の手順を説明することを通して，考える力や表現する力を伸ばし，かつ理解した上での技能の習熟が期待できるからである。

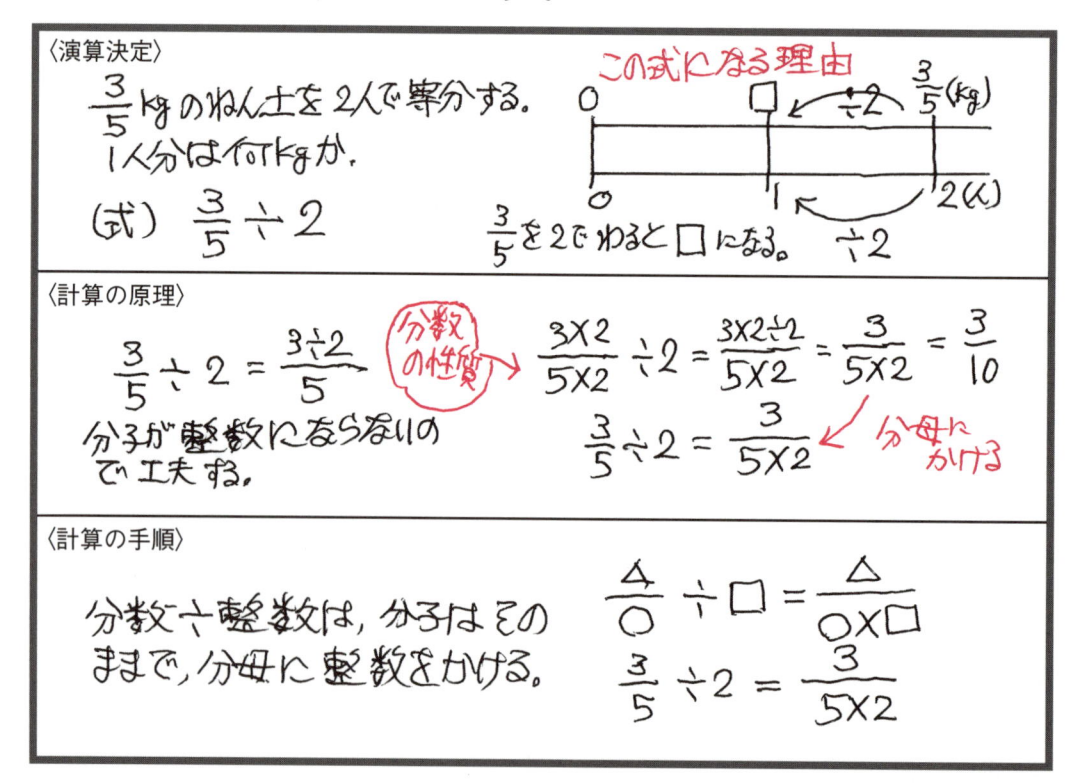

〈演算決定〉

$\frac{3}{5}$ kgのねん土を2人で等分する。1人分は何kgか。

（式）$\frac{3}{5} \div 2$

この式になる理由

$\frac{3}{5}$を2でわると□になる。

〈計算の原理〉

$\frac{3}{5} \div 2 = \frac{3 \div 2}{5}$

分子が整数にならないので工夫する。

分数の性質 → $\frac{3 \times 2}{5 \times 2} \div 2 = \frac{3 \times 2 \div 2}{5 \times 2} = \frac{3}{5 \times 2} = \frac{3}{10}$

$\frac{3}{5} \div 2 = \frac{3}{5 \times 2}$ ← 分母にかける

〈計算の手順〉

分数÷整数は，分子はそのままで，分母に整数をかける。

$\frac{\triangle}{\bigcirc} \div \square = \frac{\triangle}{\bigcirc \times \square}$

$\frac{3}{5} \div 2 = \frac{3}{5 \times 2}$

（2） 考え方を説明する

どのように考えたのか，なぜそれでよいのか説明することも，考える力や表現する力を育て，かつ知的コミュニケーション能力を育てる上で大切である。

その意味で，ノートに考え方を書かせることはとても大切なことである。

〈どのように考えたか〉

えんぴつ32本，ノート24冊，同じ数ずつ，あまりがないようにできるだけ多くのふくろにかける。ふくろは何枚いるか。

32の約数 ①②④⑧16 32
24の約数 ①②3④⑥8 12 24
公約数 1，2，4，8

→答え（8まい）

〈なぜそれでよいか〉

同じ数ずつ，あまりがないように入れるためには，32と24の公約数がふくろの数になる。
32と24の公約数 1，2，4，8

できるだけ多くのふくろに分けるのだから，最大公約数にすればよい。
32と24の最大公約数は8だから，答えは8枚になる。

（3） 演算決定の根拠を説明する

単元テストの文章題はよくできていたのに，学期末（学年末）の文章題は間違いが多かったということがよくある。これは，「かけ算」の単元テストではかけ算の問題ばかり，「わり算」の単元テストではわり算の問題ばかり扱ってきて，演算決定の場に立たされたことがないからである。

そこで，例えば，時折次のような出題をして，「何算になるか？」と演算決定をせざるを得ない場に立たせることが必要である。さらに，その際，演算決定の根拠を説明させるようにするのである。

次の問題を解決しましょう。①式，②その式にしたわけの説明，③答えを書きましょう。

〈問題1〉明子さんはスーパーで，1個89円のお菓子を26個買いました。代金は何円ですか。

①式　89×26＝2314　　　③答え　2314円

②この式にしたわけ　（1つ分のねだん）×（買った数）＝（代金）にあてはめた。

〈問題2〉画用紙を89枚使ったら，残りが26枚になりました。画用紙ははじめに何枚ありましたか。

①式　89＋26＝115　　　　　　　　　③答え　115枚

②この式にしたわけ　図にかいた □を求める。

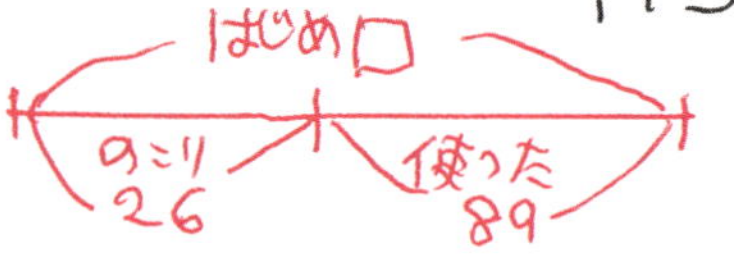

はじめ□
のこり26　使った89

〈問題3〉子ども会をしました。お菓子が89個あります。26人で同じ数ずつ分けて，おやつにします。1人分は何個になりますか。

①式　89÷26＝3あまり11　　　　　③答え　3個ずつ

②この式にしたわけ　89を26等分すればよいから，26でわればよい。

〈問題4〉こん虫館でカブトムシをかっています。オスは，メスより26ひき多くて89ひきです。メスのカブトムシは何ひきいますか。

①式　89－26＝63　　　　　　　　③答え　63ひき

②この式にしたわけ　メスは　オスより26ひきすくない。

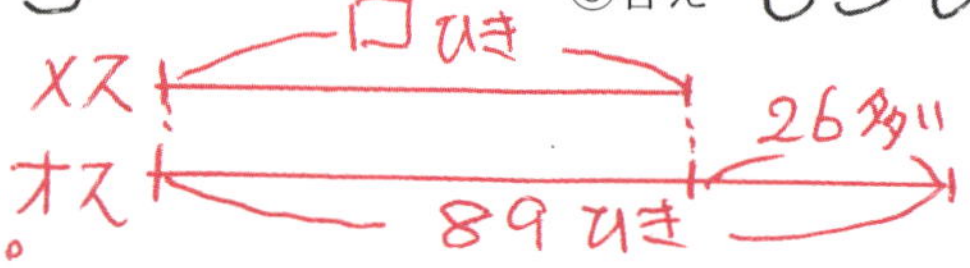

メス　□ひき
オス　89ひき　26多い

〈問題5〉ノート1さつのねだんは89円です。えんぴつけずりのねだんは，ノートのねだんの26倍です。えんぴつけずりのねだんは何円ですか。

①式　89×26＝2314　　　　　　　③答え　2314円

②この式にしたわけ　(1つ分)×(何倍)＝(全体)で，かけ算になる。

（4）　三角形の内角の和の求め方を説明する

　算数的活動をして結果だけを求めることでは不十分である。例えば，三角形の内角の和をどのように見つけたかなど，帰納的に考え説明させることが大切である。ノートに書くことにより，帰納的に考えること，筋道を立てて説明することを体験させることができ，身に付けさせることもできるのである。

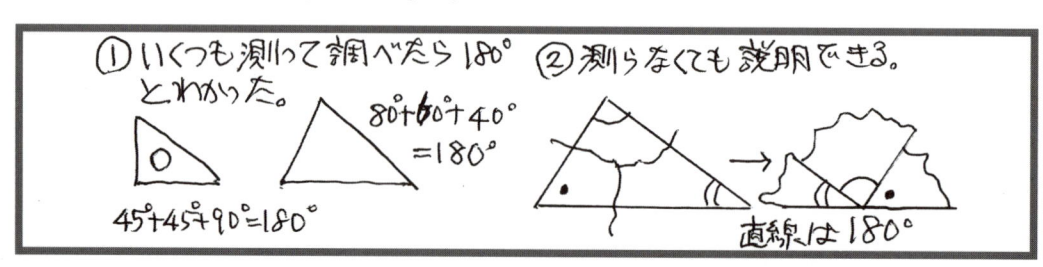

①いくつも測って調べたら180°とわかった。
45＋45＋90＝180°
80＋60＋40＝180°

②測らなくても説明できる。
直線は180°

（5） 四角形の内角の和の求め方を説明する

　四角形の内角の和は，既習事項である三角形の内角の和が180°であることを用いて考えると解決でき，説明することができる。数学的な考え方の１つである演繹的な考え方を体験させることができる。

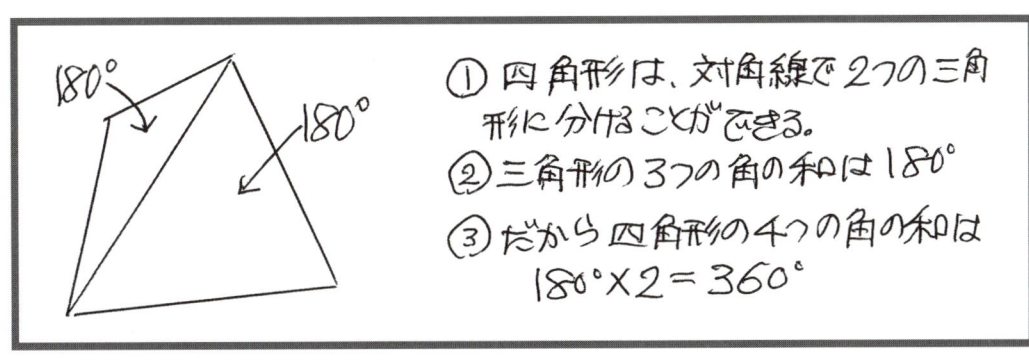

> ① 四角形は，対角線で２つの三角形に分けることができる。
> ② 三角形の３つの角の和は180°
> ③ だから四角形の４つの角の和は 180°×2＝360°

　五角形や六角形など多角形の内角の和の求め方を考え，説明する活動に発展させることもできる。習熟度別指導の発展コースの子どもが，多角形の内角の和を演繹的に考え，説明した例を紹介する。

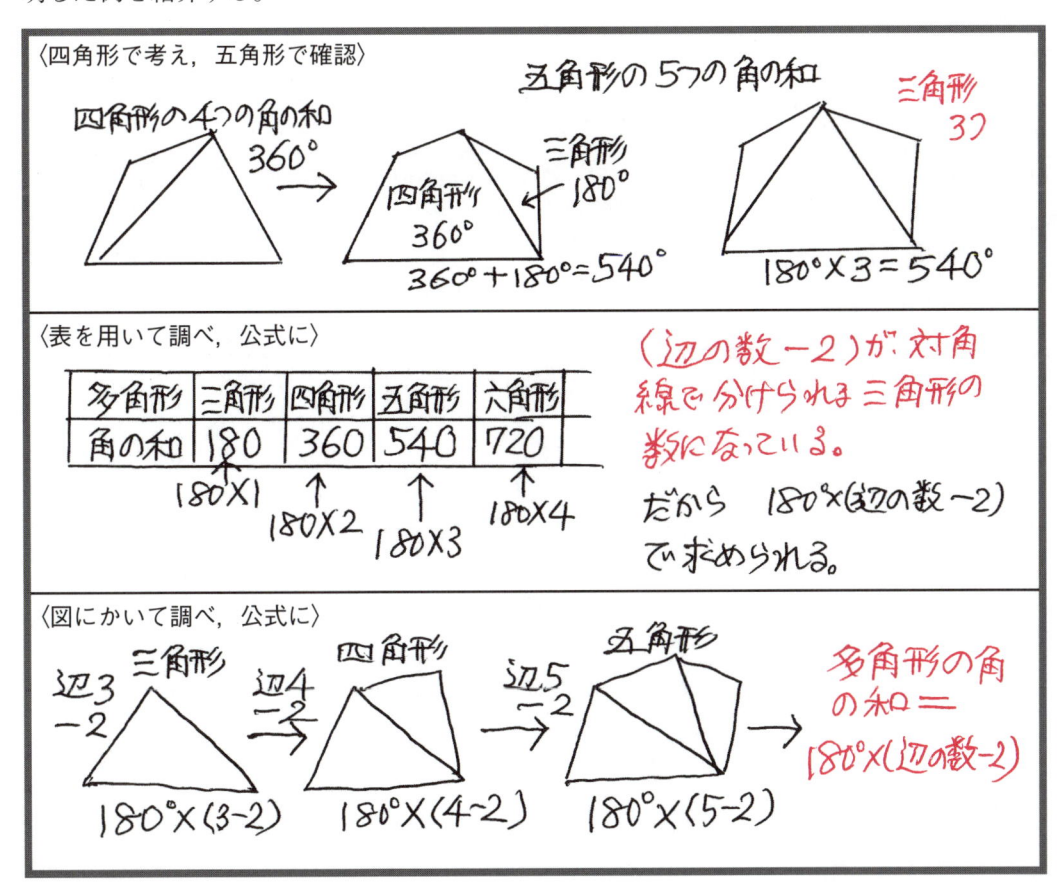

〈四角形で考え，五角形で確認〉

四角形の4つの角の和 360° → 四角形 360°＋三角形 180°＝540°

五角形の5つの角の和　三角形 3つ　180°×3＝540°

〈表を用いて調べ，公式に〉

多角形	三角形	四角形	五角形	六角形
角の和	180	360	540	720

180×1　180×2　180×3　180×4

（辺の数－2）が，対角線で分けられる三角形の数になっている。

だから　180°×（辺の数－2）で求められる。

〈図にかいて調べ，公式に〉

辺3－2 三角形　180°×(3－2)
辺4－2 四角形　180°×(4－2)
辺5－2 五角形　180°×(5－2)

多角形の角の和＝180°×(辺の数－2)

2　算数がどのように活用されているか調べてレポートを作成

　算数で学習したことが，生活や学習の中でどのように使われているか調べて，レポートにまとめる活動も，算数の有用性を実感させる上で重要である。ノートに簡単に書かせる場合，レポートとして書かせる場合など，学級の実態や指導計画の進度などを考慮して進めることが肝要である。

（1）　学習したことが算数で使われている例

　子どもが，今まで学習したことを使うと考えやすいことを実感し，既習事項を進んで活用しようとなることを期待したいのである。そのためには，既習事項を活用する体験をさせるとともに，その事実をノートに書くことを通して強く認識させることが重要である。

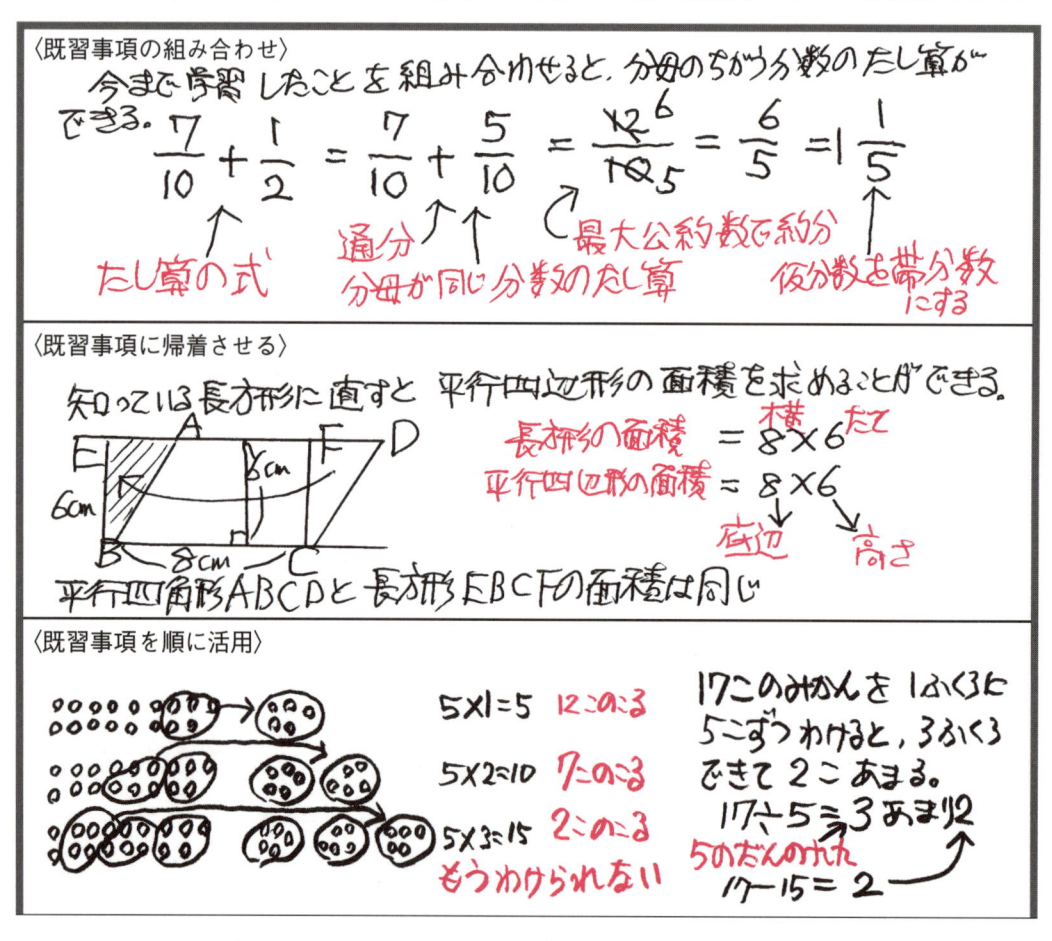

〈既習事項の組み合わせ〉

今まで学習したことを組み合わせると，分母のちがう分数のたし算ができる。

$$\frac{7}{10} + \frac{1}{2} = \frac{7}{10} + \frac{5}{10} = \frac{12\,6}{10\,5} = \frac{6}{5} = 1\frac{1}{5}$$

↑たし算の式　↑通分　↑分母が同じ分数のたし算　↑最大公約数で約分　↑仮分数を帯分数にする

〈既習事項に帰着させる〉

知っている長方形に直すと平行四辺形の面積を求めることができる。

長方形の面積 ＝ 8×6　横・たて
平行四辺形の面積 ＝ 8×6　↓底辺　↓高さ

平行四辺形ABCDと長方形EBCFの面積は同じ

〈既習事項を順に活用〉

5×1＝5　12このこる
5×2＝10　7のこる
5×3＝15　2のこる
もうわけられない

17このみかんを1ふくろに5こずつわけると，3ふくろできて2こあまる。
17÷5＝3あまり2
5のだんのれつ
17－15＝2

〈既習事項から類推〉

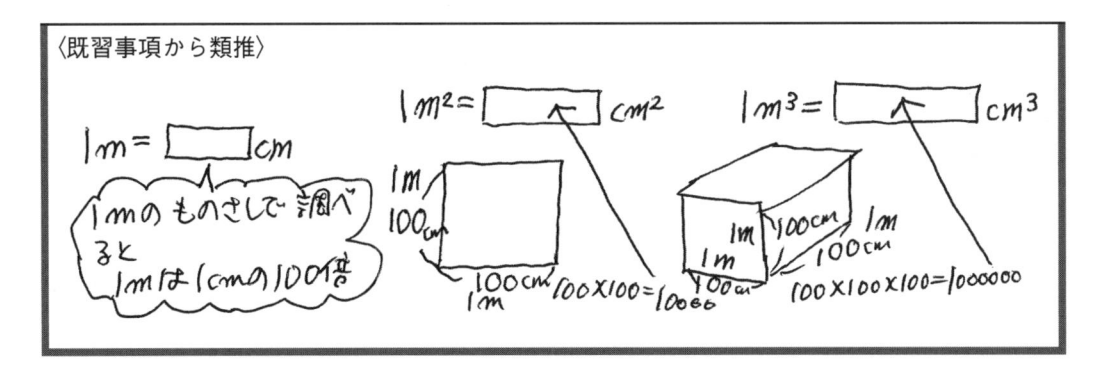

(手書きメモ:)
- 1m = □ cm　　1mのものさしで調べると1mは1cmの100倍
- 1m² = □ cm²　（1m×1m = 100cm×100cm, 100×100 = 10000）
- 1m³ = □ cm³　（1m×1m×1m = 100cm×100cm×100cm, 100×100×100 = 1000000）

(2) 学習したことが生活で使われている例

算数で学習したことが，生活の中でどのように使われているか調べ，まとめさせることは，算数の有用性を理解させるとともに，算数の学習の必要性や学習意欲の喚起に役立つ。

(手書きレポート:)

算数で学習した百分率(%)が，生活の中でどう使われているかを調べました。

① 家庭における消費電力のうち照明器は16.1%で，蛍光灯をLEDに切り替えると40%省エネになるそうです。

② 家にある料理酒のアルコール分は13〜14%，塩分は2.1〜2.4%です。

③ 北海道牛乳は，牛乳100%使用です。

④ サンキストは100%果汁です。リンゴジュースは，果汁20%です。

⑤ 特売品が30%引き(OFF)で売っていた。

⑥ 銀行の貯金の利息は，0.001%です。

⑦ A市の人口は，10年前と比べて27%減少しました。

⑧ 税金をためると6%加算される。

分数は $\frac{2}{5}$ m (量を表す)，$\frac{2}{5}$ 倍 (割合を表す)，5等分した2つ分を $\frac{2}{5}$ (分けた大きさ)，$2 \div 5 = \frac{2}{5}$ (整数のわり算の商)を表すことがあります。

- くつのサイズ 25½cm　25$\frac{1}{2}$cm
- この電球にすると電気料が従来の $\frac{1}{2}$ になります。
- 料理のとき，しょう油を大さじで $\frac{1}{2}$ 入れる。
- この設計図は，$\frac{1}{400}$ の縮図でかいてある。
- 6$\frac{2}{3}$イニング投げた。
- この地図の縮尺は $\frac{1}{2000}$ 実際は 0〜20kmのようにかいてあることが多い。
- このコラーゲンは，通常の分子の $\frac{1}{400}$ の大きさです。
- おじいちゃんの話→昔はカメラのシャッター速さを $\frac{1}{2}$ 秒，$\frac{1}{30}$ 秒などと分数で表したそうです。

（3） 学習したことが他の教科で使われている例

　算数で学習したことが，他の教科や総合的な学習の時間，特別活動などで活用されていることを，レポートの作成を通して気付かせ，積極的に活用させるようにしたい（レポートの具体例は省略）。

　① 社会科

　社会科の学習では，割合，表やグラフ，統計的な判断，地図の縮尺や位置の表し方など算数で学習したことがどのように使われているか調べさせ，算数・数学の有用性を理解させることができる。また，社会科の学習を効果的に進めるために，算数の学習を積極的に活用するよう指導することも大切である。

　② 理　科

　理科では，比較や分類整理，表やグラフ，帰納的な考え・類推的な考え・演繹的な考え，割合など算数で学習したことが様々に活用されていることを調べさせ，レポートにまとめさせる。理科と算数の関連に着目させていくことは，理数教育の充実にも大きく寄与するものである。

　③ 図画工作科

　量と測定，図形の意味と性質，合同や縮図・拡大図など算数で学習したことが，図画工作科で使われる例も多い。活用する態度づくりにも貢献できる。

　④ 家庭科

　家庭科では，量と測定，割合，表とグラフ，分類整理，統計の考えなど算数の学習が活用されている。レポート作りを契機に活用を促すことができる。

　⑤ 体育科

　算数で学習した速さ，平均，割合，表やグラフなど体育科の学習に活用されている。健康や運動の推進や判断に役立っていることも理解させられる。

　⑥ 総合的な学習の時間

　総合的な学習の時間では，活動をまとめたり，資料を根拠に判断・説明したりするのに，表やグラフ，数学的な考え方など算数の学習が生かされている。探究的な活動に算数の学習を積極的に活用させるようにしたい。

　⑦ 特別活動

　特別活動（委員会活動，係活動，クラブ活動）においても，説明に表やグラフ，割合など算数の学習が使われる，いっそうの活用を促したい。

3 自分の考えを論文に作成

　小学生に論文を書かせるとしてもそれほど難しく構える必要はない。自分で考えたことや意見を筋道立ててまとめるという程度でよい。学習の区切り目や長期休業中の課題にするなど工夫して，論文作成の初歩の体験をさせたい。

（1）課題論文の作成

　次は6学年に実施した課題論文に対する子どもの作品例（論文）である。子どもたちが発想豊かに作成している状況がよく分かる。課題論文に対しては，その子どもの発想のよさや努力を大きく評価し，語句の訂正などの瑣末なことにこだわらないようにすることがポイントである。

〈課題〉下の図のように米俵を杉の形に積み上げていきます。1番上が1俵で，1番下に100俵あるとき，積まれた俵の総数（全部の数）を求めましょう。
（参考：現代語『塵劫記』p61「第2杉算の事―米俵を杉の形に積み上げる問題」2007年和算研究所）

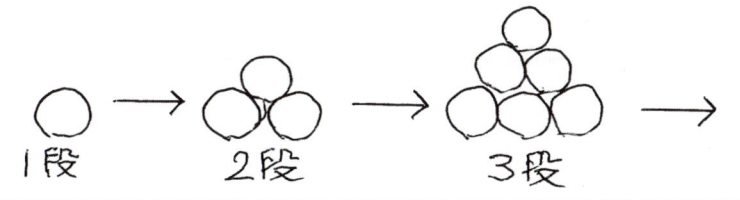

○ → ○○ → ○○○ →
1段　　2段　　　3段

Hさんの論文

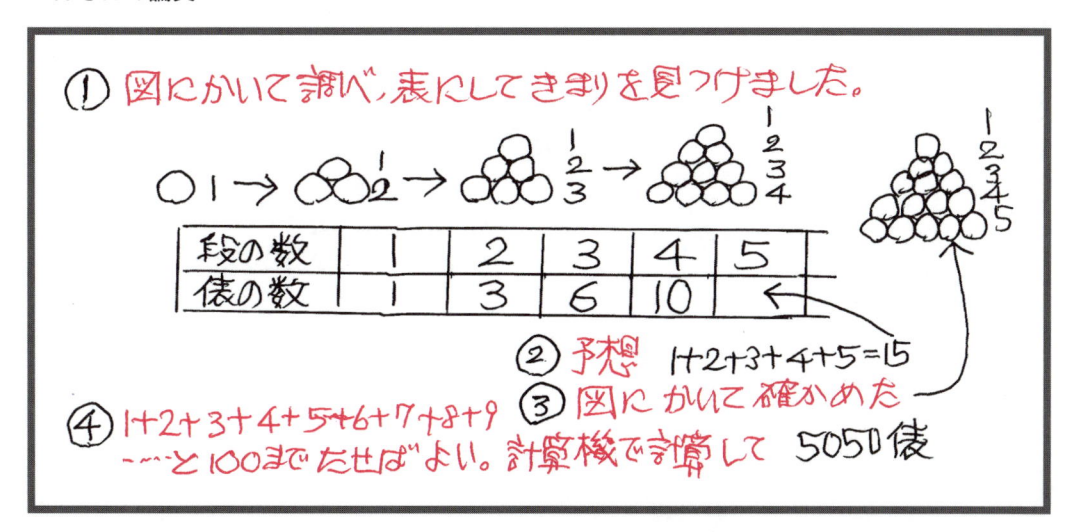

① 図にかいて調べ，表にしてきまりを見つけました。

段の数	1	2	3	4	5
俵の数	1	3	6	10	

② 予想　1+2+3+4+5=15
③ 図にかいて確かめた
④ 1+2+3+4+5+6+7+8+9……と100までたせばよい。計算機で計算して　5050俵

Mさんの論文

1段目は1，2段目は2+1，3段目は3+2+1，4段目は4+3+2+1，…となるので，100段目は，100+99+98+…と1までたせば求められる．

○ → ○○○ → ○○○○○○ → ○○○○○○○○○○
1   2+1   3+2+1   4+3+2+1

(100)(99)(98)(97) ------ (3)(2)(1)
(1)(2)(3)(4)   (98)(99)(100)

101の100倍の $\frac{1}{2}$ と考えると求められる

101×100÷2=5050　答え 5050個

この考え方を使うと，かんたんに求められる．

(お父さんのガウス少年の話をきいてまとめました．)

Fさんの論文

ずらして並べかえる　2つならべる　$\frac{1}{2}$ にすると求められる

○○○ → ○○○○○○ → (3+1)×3÷2=6
○○
○

たしかめてみる

○○○○ → ○○○○○○○○ → (4+1)×4÷2=10
○○○   ↓   ↓   ↓
○○
○

100段目は，1番下が100個だから
(100+1)×100÷2=5050

この考え方を式に表すと，x段目なら，次の式で求められる．
(x+1)×x÷2

Yさんの論文

1. はじめに三角形と見て求めました。

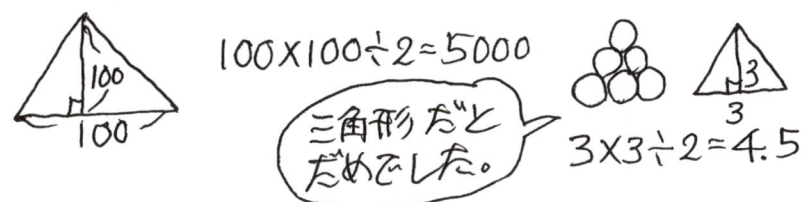

   100×100÷2=5000

   「三角形だとだめでした。」

   3×3÷2=4.5

2. そこで 上底1, 下底100, 高さ100の台形と考え求めることにしました。

   (1+100)×100÷2=5050

   答え 5050個

3. 台形の面積の公式を使うとこの問題はとけます。 連続している数の和を求めるときにも使えます。

Kさんの論文

1. 100の上は99, 99の上は98, 98の上は97……と100から1（1から100まで）をたす計算になります。

2. 1から100までのまん中は (50+51)÷2=50.5 で全体の平均になります。

3. (平均)×(個数)=(全体) なので, 次のように求められます。

   (50+51)÷2×100=5050   答え (5050俵)

（2） 自由研究

　学級の実態によっては，自由研究をさせ，論文にまとめる体験をさせることも考えられる。小学生であるから自分で興味を持ったことについて調べ，それをまとめて発表するという程度で十分である。

　次の論文は，6学年Y.Sさんの夏休みの自由研究である。パソコンを使ってA4にまとめたものである。

算数の研究　　　　　　　　　　　　　　　　　6年1組　Y.S

1　研究の動機

　ある本の内容が，これが算数かと思われるほど簡単で，思わず視界が開かれたような気がした。それをみんなに見てもらおうと思い，いくつかの研究をした。これは，研究した中で特に面白いと思ったものをまとめたものである。

2　〈研究〉クイズの種明かし「計算のきまりを使って」

　(1) AはBと「数あて」をやっていた。その数あてのルールは，次のようなものである。
　　① はじめにAが数を1つきめる。
　　② その数に2をたす。
　　③ それを4倍する。
　　④ それに，一番初めにきめた数を足す。
　　⑤ それを2倍する
　　⑥ それを，数を当てる人Bに言う。

　(2) Aが「46」を決めて，①〜⑤をやり，「476」とBに教えた。
　　①　「46」ときめる。
　　②　46 + 2 = 48
　　③　48 × 4 = 192

④　192 + 46 = 238

　⑤　238 × 2 = 476

　⑥　「476」と伝える。

(3) すると，Bは，その数は「46です」と見事に当てた。

(4) Aは，不思議で仕方がない。そこで当て方をBに聞いた。Bは，「聞いた数から16を引いて，10でわるのさ」と教えてくれた。

(5) そこでぼくは，なぜそれでAが思い浮かべた数を，Bが当てられたのか考えた。それを式で説明する。
　①　はじめにきめた数を x とする・・・・・・ x
　②　x に2を加える・・・・・・ $x + 2$
　③　それを4倍する・・・・・ $(x + 2) × 4$　　分配法則を使う
　　　　　　　　　　　　　$= x × 4 + 2 × 4$
　　　　　　　　　　　　　$= x × 4 + 8$
　④　それに x を加える・・・・ $x × 4 + 8 + x$
　　　　　　　　　　$x × 4$ に x を1つ加えるから $x × 5$ になる
　　　　　　　　　　　　　$= x × 5 + 8$
　⑤　それを2倍する・・・・ $(x × 5 + 8) × 2$　　分配法則を使う
　　　　　　　　　　　　　$= x × 5 × 2 + 8 × 2$
　　　　　　　　　　　　　$= x × 10 + 16 = y$
　⑥　つまり，数を当てる人に教えた y は，はじめに聞いた数 x の10倍に，16を加えた数である。だから，y が476なら，$(476 − 16) ÷ 10 = 46$ で，はじめにきめた数 x は46とわかる。

3　研究のまとめ
　クイズの種明かしに取り組んで，文字を使った式に表したことがとても有効だった。分からない数（未知数）を x とし，分配法則を使って，ルールを式に表していくと，種明かしがはっきりしてきて面白かった。

第9章

教師の指導とコメント

　表現力の育成にノート指導が深くかかわるといっても，ノート指導だけを切り取って進めてもうまくいかない。

　まず，算数科の教科目標の達成を目指すことが重要である。そのためには，それを保障し得る質の高い授業の展開が求められる。充実した授業を効果的に進めるための一部分がノート指導であるという限界を認識する必要がある。

　そこで，第9章では，以下の8つの視点からノート指導に関する「教師の指導とコメント」について述べることにする。

> 1. 質の高い授業あってのノート指導
> 2. 基本的なことの指導とコメント
> 3. 発達段階の考慮
> 4. 自力解決の段階の評価とコメント
> 5. 回収後の指導とコメント
> 6. ノートコンクール
> 7. 自分流の勧め
> 8. ノートと学習シートとのかかわり

1 質の高い授業あってのノート指導

　基礎的・基本的な知識や技能の習得と聞けば朝学習や宿題ドリル，学び合いが重要だと強調されると話型指導，表現力と言われれば形式的なノートの書き方の指導というのでは，あまりにも短絡的である。
　ノート指導は，子どもが「問題を理解し，考え，それを表現し，それを基にして学び合い，学習のまとめをし，学習したことを使えるようにする」質の高い授業が展開されることが前提である。あるいは，質の高い授業を展開するための１つの視点といってもよいかもしれない。
　いずれにしても，ノート指導だけ先行させても，授業が不十分であっては，一見「きれいなノート」を書く子どもが増えることはあろうが，子どもの算数科の学力は一向に育たないという不思議な現象を招くだけである。
　以上のことを再認識した上で，問題解決学習を中心としたノート指導のポイントについて整理してみる。

（１）　学習の下調べや準備としてのノート
　予習とは言わないまでも資料を集めたり，学習の下調べをしたり，準備をしたりすることは，算数の学習にも多くあり，ノートが使われることもある。高学年では，中学校への接続を考えて予習的なことがあってもよい。

（２）　問題の理解のためのノート
　学習課題（問題）を理解するために，求答事項（聞かれていること）や既知事項（問題から分かること），条件，既習事項をノートに書き出すこともある。これは，問題を理解し，解決の方法や結果の見通しを持つために必要である。

（３）　見通しを持つ段階のノート
　問題を読み，瞬時に立式し，計算し，答えが出せるとすれば，それは学習対象にはならない。少し困難な問題を既習事項を活用しながらどのようにしたらよいか見通しを持つことを通して数学的な考え方，創造的な思考が育つといえよう。この段階のあれこれをノートに書き，手がかりを得る営みは重要である。

（４） 自力解決の段階のノート

　自力解決の段階，すなわちどのような仕方で解決したか，どう考えたか，どのような気付きがあったかなどをノートに書く。これが子ども自身の考えを整理し，学び合いの基になるのである。

（５） 振り返りと発表の段階のノート

　自力解決の段階のノートを基にして，考え方や仕方や答えを振り返り自分の考えを修正したりまとめ直したりすることができる。そして，これは，ペアやグループ，全体での学び合いの基になる。

（６） 学び合いの段階のノート

　学び合いの段階では，自分と友達，みんなの考え方を比べ，よいところに気付いたり，自分の考えを修正・補完したりしたことが，ノートにメモされているようにさせたい。自己の高まりを実感させることができる。

（７） 学習のまとめの段階のノート

　展開の状況でこの段階のノートがおろそかになりがちである。学習内容を定着させるためには，学習のまとめをし，ノートに書かせることが不可欠である。学習のまとめは，既習事項として蓄積され活用されるからである。

（８） 自己評価と感想の段階のノート

　学習のまとめに加えて，学習活動や理解度などの自己評価をノートに書かせる場合もある。さらに，学習感想として，満足感，自分の変容の自覚，友達からの啓発，教師への質問や要望などを書かせることも大切である。無理な期待をせず，よい例を紹介しながら自分を見つめることができるようにしていく。

（９） 学習したことを当てはめる段階のノート

　時間があれば授業の終末に，今日学習したことを当てはめて問題解決をさせることも重要である。ノートに当てはめ問題をさせれば，子どもには自己評価となるし，教師は授業評価の資料にすることができる。

2 基本的なことの指導とコメント

　ノート指導で大事なことは，基本的なことはきちんと指導して，少しでも進歩したり，工夫したり，よくできていたりしたらほめることが大事である。子どもは，ほめられれば「こうすればよいのか！」といっそう前向きになり意欲的になるからである。したがって，形式的なことは最小限にして，内容や発想，工夫などを中心に書かせるようにする。また，コメントも，内容や発想，工夫などを中心にすることが大切である。

（1）　考えを生み出す
　ノートを考えを生み出す場として使う。

　そこで，問題をどのようにして解決するか，どのように考えたらよいか，思いついたことをどんどん書いて，解決の手がかりを見つけさせる。したがって，きちんと，きれいに書くことを気にしなくてもよい。この段階は，たとえ乱雑であっても，何とか探り出そうとしている意欲と行動を大きく評価することがポイントになる。

　そこで，図にかいて考えている，キーワードを書き出している，実際に試したことをメモしている，気付いたことをどんどん書き留めているなどを見取って，いろいろ積極的に試していることをほめるようにする。

（2）　考えを整理する
　ノートは考えを整理する場として使う。

　解決するためにどのようにしたのか，どう考えたのか，そしてどう解決したのかを書かせるようにする。問題解決の過程と結果の説明を書かせ，自分の考えを，ひとまず整理させるのである。

　この段階では，自分はこのようにして解決した，このように考えて解決したなどが書いてあれば，それを大いに認めることが重要である。それが正しいかどうかは，この後の学び合いではっきりさせればよいことであって，この段階では，自分のしたこと，考えたこと，気付いたこと，結果（結論）などを自分なりに説明していること自体を認めるのである。

（3） 自分の考えを変える

　ノートを自分の考えを変える場として使う。

　問題をどのような仕方や考え方で解決したかノートに書いた。これで終わりではない。友達と学び合ったことによって，自分の考えが変わったり，深まったりすることがある。

　その変化を，ノートに表現させる。はじめにノートに書いたことを修正させてもよいし，改めて書き直しをさせてもよい。友達から学んで，自分の考えを変えたことが，ノートの記述から読み取れたら賞賛し，学び合いのよさを実感させたい。

（4） 自分の考えを高める

　ノートは自分の考えを高める場として使う。

　自分の考えにある程度満足している。友達の考えも納得できる。しかし，もっとよい考えがありそうだと思った。そこで，グループのみんなと話し合った結果，角柱の体積も円柱の体積も，同じ公式にまとめることができた。

角柱の体積＝底面の多角形の面積×高さ	角柱・円柱の体積＝底面積×高さ
円柱の体積＝底面の円の面積×高さ	

　このように，よりよくしようと意欲的に取り組み，さらによい考え方に行き着くことができた。この意欲的態度や考え方を評価し，ほめて，自分を高めようとする意欲付けを促すことが重要である。

（5） まとめをする

　ノートを学習のまとめをする場にする。

　学習したことは，そのときはよく分かったつもりでいても，しばらくすると曖昧になりやがて忘れることになりかねない。

　このことを防ぎ，学習したことを維持するためには，意味（定義）や性質，仕方，考え方などとして，学習のまとめをさせることが重要である。

　そこで，ノートに簡潔に，正確に，分かったことや仕方，考え方などが書いてあったら賞賛する。子どもは自信を持ち，次回からはもっときちんと学習し，学習のまとめもしっかりとノートに書こうとがんばるようになるであろう。

3 発達段階の考慮

　望ましいノート指導をめぐっては，いくつもの提案があるが，いまだ定説はない。小学校にあっては，低・中・高学年など発達段階に応じた考慮が必要である。（参考：世田谷区立烏山北小学校編「すぐにやくだつアイディアいっぱいノートハンドブック」平成12年　校長丘博光・教頭奥徳子・指導小嶋隆夫，奥徳子「ノート指導のポイント・評価とコメントの仕方」教職研修2008年臨時増刊号 p152～156，基幹学力研究会編・尾崎正彦著「考える算数のノート指導」明治図書 2008）

（１）低学年のノート指導

　書いた経験の少ない１学年では，スピードや完成度を要求せず，各段階を区切って，ノートに書かせ慣れさせることが大切である。１学年の後半から２学年では，区切りは大きめにして，なるべく学習活動に応じた連続したものとしてノートを書かせるようにする。

　次のような基本形式（２学年の３学期ごろの到達目標）を参考にして，少しずつ，粘り強く，一貫したノート指導を進めたい。

5/10	きょうかしょ（○○ページ）
もんだい	（今日の課題：問題を理解させた後で書かせる） 今日の問題を書く ※１　はじめに，求めるところを◯で囲む。 ※２　次に分かっていることに，アンダーラインを引く。
しき　こたえ	式（仕方）と答え（結果）を書く。
じぶんのかんがえ	自分の仕方や考え方を図，式，言葉などで書く。
友だちのかんがえ	話し合いの中で，友達のよい仕方や考え方を書く。 話し合いを基に自分の考え方を直してもよいことにする。
れんしゅう	分かったことを使って同様の類似問題を解いてみる。
まとめ　かんそう	今日の学習で分かったこと，できるようになったこと，大事なこと，考えたことを書く。 感想や先生に伝えたいことを書く。

（２） 中学年のノート指導

　ノートに書くことに慣れてきた中学年でも，スピードや完成度を要求せず，内容本位のノート指導を進める。中学年では，なるべく「はい，○○をしましょう」などという区切りの指示は段々と少なくして，学習活動に即して連続したものとしてノートに書かせるようにする。

　低学年のノート指導を発展させるよう配慮して，次のような基本形式（4学年の到達目標）を参考にして，少しずつ，粘り強く，一貫したノート指導を進めていくようにする。また，基本形式から少しはみ出た「自分流」を認めるようにする。

5/10	教科書（○○ページ）
問題	（今日の課題：問題を理解させた後で書かせる） 今日の問題を書く ※1　はじめに，求めるところを◯で囲む。 ※2　次に分かっていることに，アンダーラインを引く。 ※3　学習したことで使えそうなことを書く。
見通し	答えの見通し，解決の仕方や考え方の見通しを簡単に書く。
式　答え	式（仕方）と答え（結果，意見）を書く。
自分の考え	自分の仕方や考え方を，図・テープ図・数直線，式，言葉などを使って，友達に説明できるように書く。
話し合い	話し合いで分かったことを書く。
友達の考え	話し合いの中で，友達のよい仕方や考え方を書く。 話し合いを基に自分の考え方を直してもよいことにする。
練習	分かったことを使って類似問題に当てはめてみる。
学習のまとめ	今日の学習で分かったこと，できるようになったこと，大事なこと，考えたことを書く。
感想	感想や先生に伝えたいことを書く。

　練習は，学習のまとめの後が効果的な場合があるので指導内容に応じて配慮する。また，学習のまとめはできるだけ自分でさせるが，後で既習事項として活用しやすくするために，内容を点検し，正確かつ簡潔にさせる必要がある。

（3）高学年のノート指導

　高学年でも，スピードや完成度を要求せず，内容本位のノート指導を進める。高学年では，学習活動もノートを記入するタイミングも「はい，○○をしましょう」などと言う区切りの指示はできるだけ少なくして，子どもが問題解決の一連の活動を自分自身で進められるように配慮する。ただし，戸惑っている子どもやつまずいている子どもに対しては，個別のきめ細かい支援が必要である。

　低・中学年のノート指導に積み上げるよう配慮して，次のような基本形式（6学年の到達目標）を参考にして，少しずつ，粘り強く，一貫したノート指導を進める。また，基本形式からはみ出した子どもの工夫としての「自分流」を認め，むしろ奨励するようにしていく。

5/10	教科書（○○ページ）
問題	（今日の課題：問題を理解させた後で書かせる） 今日の問題を書く ※1　はじめに，求めるところを◯で囲む。 ※2　次に，分かっていることにアンダーラインを引く。 ※3　使えそうな既習事項を書く。
見通し	答えの見通し，解決の仕方や考え方の見通しを書く。
式　答え	式（仕方）と答え（結果・結論，主張・意見）を書く。 1つの考えでできたらもっとよい別の仕方を考える。
自分の考え	自分の仕方や考え方を，図・テープ図・数直線，式，言葉などを使って，友達に説明できるように書く。
話し合い	話し合いで分かったことを書く。
友達の考え	話し合いの中で，友達のよい仕方や考え方を書く。 話し合いを基に自分の考え方を補足・修正する。
練習	分かったことを使って類似問題に当てはめてみる。
学習のまとめ	今日の学習で分かったこと（意味や性質），できるようになったこと，大事なこと，考えたことなどを書く。
感想	感想や先生に伝えたいこと，もっと学習したいことなどを書く。

　練習と学習のまとめの順序，学習のまとめさせ方は，中学年と同様である。

4　自力解決の段階の評価とコメント

　ノート指導の機会は，自力解決の段階におけるその時その場の評価とコメントがある。この評価とコメントは，効果が大きいにもかかわらず意外と徹底していない。簡素で効果的な進め方について紹介する（参考：「小学校算数科で役立つ・学習チェックのミニ技法」明治図書 2011）。

　① 注意は口頭でする

　ノートへのコメントでは，欠点探しとその指摘を形として残すことは避けたい。欠点や間違いは，口頭で指示し，直したらそれをほめるようにする。

> へいを作るのにブロックを80こ使います。1回に9こずつはこびます。何回ではこべますか。
> 80÷9＝8あまり8　答え ~~8回~~ 9回
> あまり8こもはこぶので
>
> （赤ペン）まちがいに気づいて自分で正しくなおせたのは大へんよい。○

　② 具体的によいところに○をつけ，発想をほめる

　よい所探しをしてたくさん見つけ，それぞれに○をつけ認めるようにしたい。特に，発想のよいところを見つけ，大きくほめるコメントが効果的である。

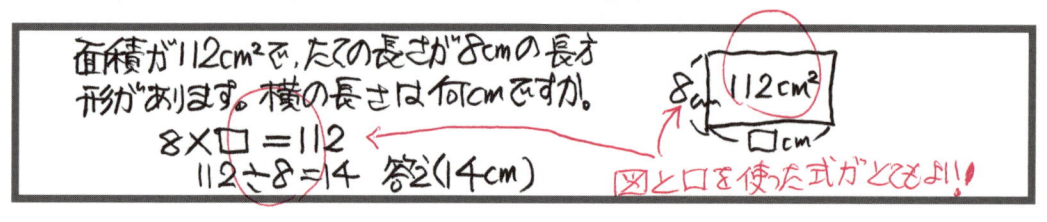

> 面積が112cm²で，たての長さが8cmの長方形があります。横の長さは何cmですか。
> 8×□＝112
> 112÷8＝14　答え(14cm)
>
> （図）8cm　112cm²　□cm
> （赤ペン）図と□を使った式がとてもよい！

　③ 正しければ○をつけ，安心させる

　ノート指導は，授業中でも可能な限り「チョコッ」としたい。正しければ，工夫していれば，発想がよければ○をつけ，単語でコメントし，安心させて前に進めさせたい。東京都中央区立佃島小学校では菅野宏隆校長先生はじめ先生方はこれを日常的に実践して，子どもに自信を持たせている。

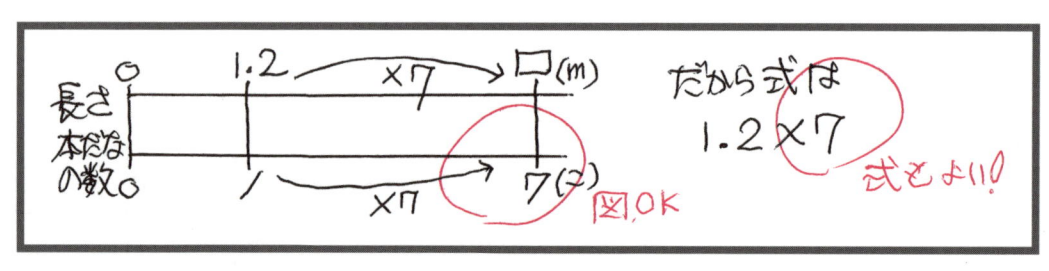

> （図：長さ　本数　1.2　×7　□(m)　1　×7　7(？)）
> 図 OK
> だから式は
> 1.2×7
> 式もよい！

第9章 教師の指導とコメント

④ いくつでも○をつけ，自信を持たせる

肯定的評価（○）の出し惜しみはよくない。よいところがあればいくつでも○をつける。机間指導しながらその都度，できた，工夫した，気付いたことを確認し，○をつけるようにする。

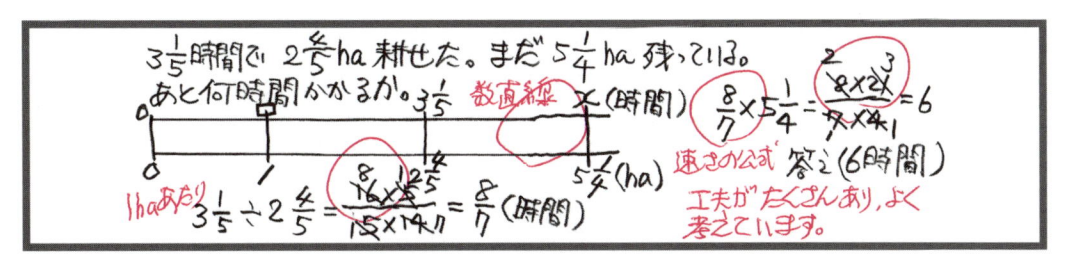

⑤ 間違いを修正していたら○をつけ，振り返りの態度をほめる

最初は間違っていた。そのときは×をつけずに，アンダーラインと「？」をつけ，口頭で個別指導をする。間違いを修正できたら大きな○をつける。子どもは気分をよくしてがんばり，見直すようにもなる。

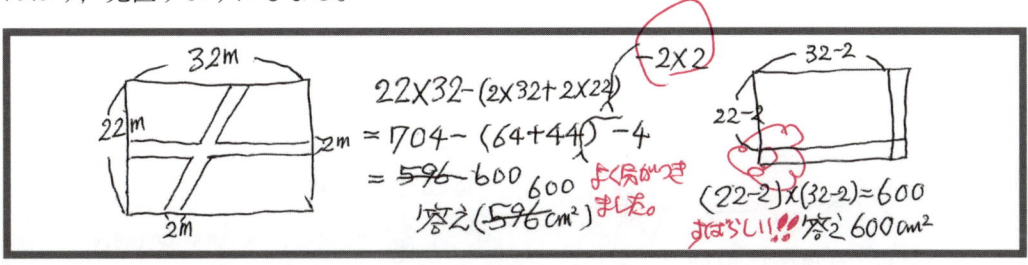

⑥ 余裕があったら，短文でコメントを書き，ほめる

授業中は，○つけに精一杯でコメントを書くことは，その気はあっても時間的にできにくい。しかし，子どもにあたたかいコメントを届けたい。そのときは単語か短文ですべての子どもに書くか，○つけは全員にするがコメントは公平に配慮して何時間かに一度にするなどの工夫をする。

〈毎回のコメント〉　　　　　　　　〈1週間に1度のコメント〉

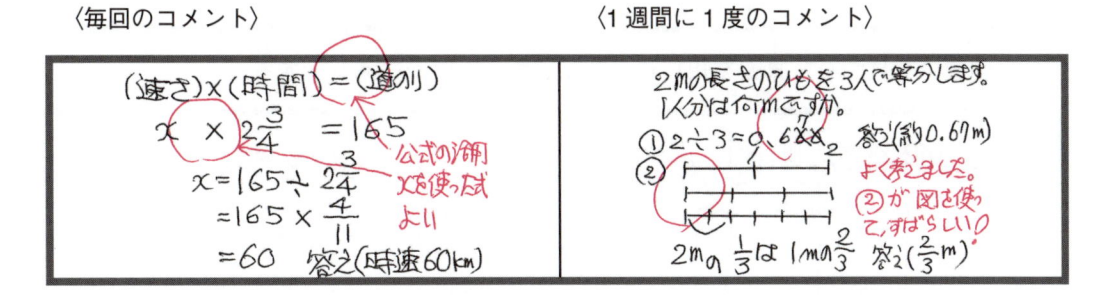

5　回収後の指導とコメント

　授業は平凡であるが，ノートには詳細な感想がびっしりというベテラン教師が少なくない。しかしまず，授業を充実させ，それを補強する意味でノート指導とコメントを実施したい。ノート指導の機会には，授業終了後に回収したノートの点検に伴う評価とコメントがある。ここでは，子どもの発想やつまずきの傾向などを分析して，子どもの学び方について丁寧にコメントすることができる。

① 花マルより，よいところに○をつける

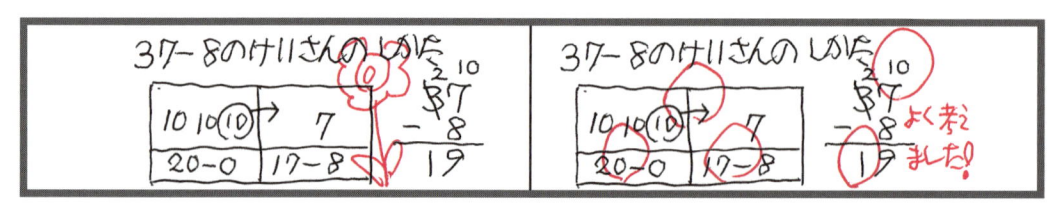

② 発想のよさを見つけ，ほめる

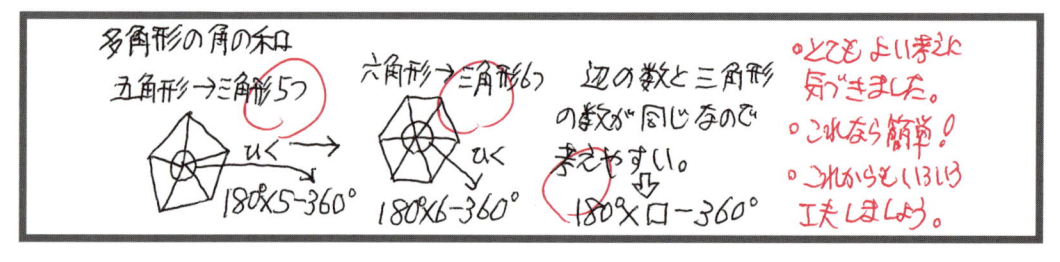

③ その子どもなりの「キラリと光るところ」を見つけ，ほめる

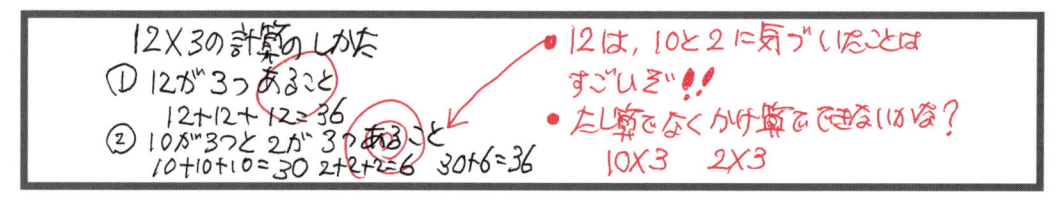

④ 間違いを見つめ，原因を知らせ，どうしたらよいかコメントする

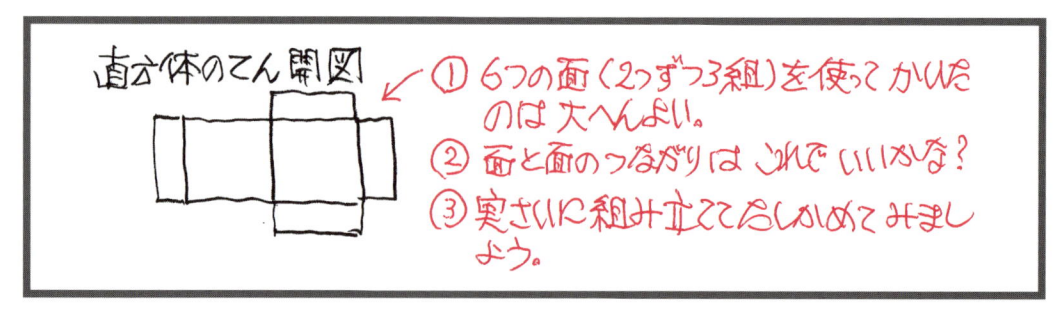

第9章 教師の指導とコメント

⑤ コメントは公平にする

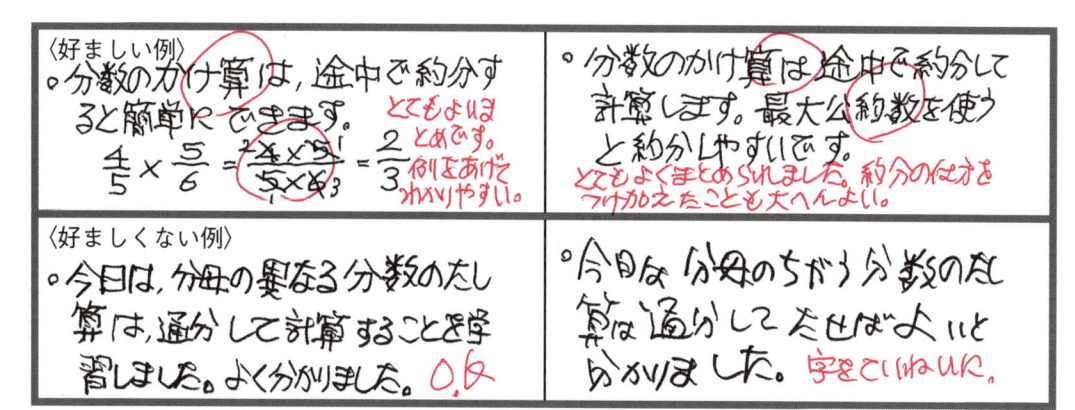

〈好ましい例〉 ○分数のかけ算は，途中で約分すると簡単にできます。 $\frac{4}{5} \times \frac{5}{6} = \frac{4 \times 5}{5 \times 6} = \frac{2}{3}$　とてもよいまとめです。例をあげてわかりやすい。	○分数のかけ算は途中で約分して計算します。最大公約数を使うと約分しやすいです。 とてもよくまとめられました。約分の仕方をつけ加えたことも大へんよい。
〈好ましくない例〉 ○今日は，分母の異なる分数のたし算は，通分して計算することを学習しました。よく分かりました。　O. K.	○今日は分母のちがう分数のたし算は通分してたせばよいとわかりました。　字をていねいに。

⑥ コメントの雰囲気は，子どもによって変える

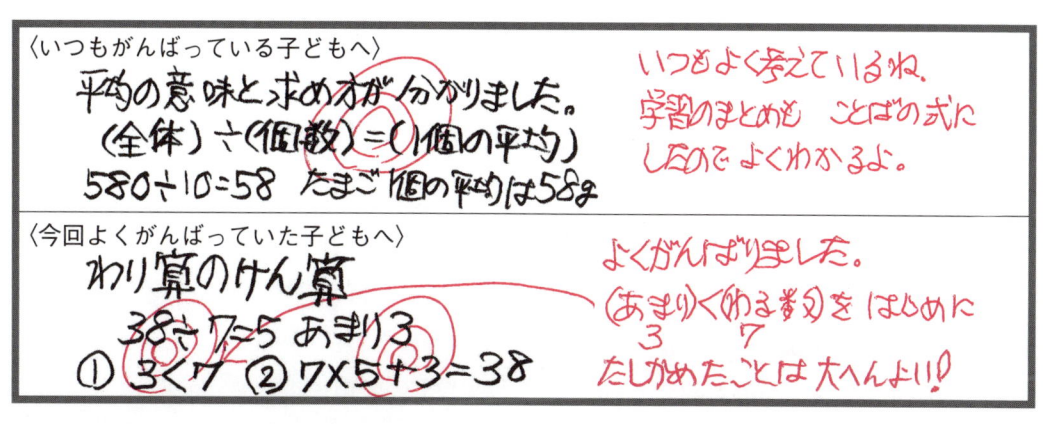

〈いつもがんばっている子どもへ〉
平均の意味と求め方が分かりました。
（全体）÷（個数）＝（1個の平均）
$580 \div 10 = 58$　たまご1個の平均は58g

いつもよく考えているね。学習のまとめもことばの式にしたのでよくわかるよ。

〈今回よくがんばっていた子どもへ〉
わり算のけん算
$38 \div 7 = 5$ あまり 3
① $3 < 7$　② $7 \times 5 + 3 = 38$

よくがんばりました。
（あまり）＜（わる数）を
　　3　　　　7
たしかめたことは大へんよい!

⑦ 重大なことは口頭で丁寧に伝える

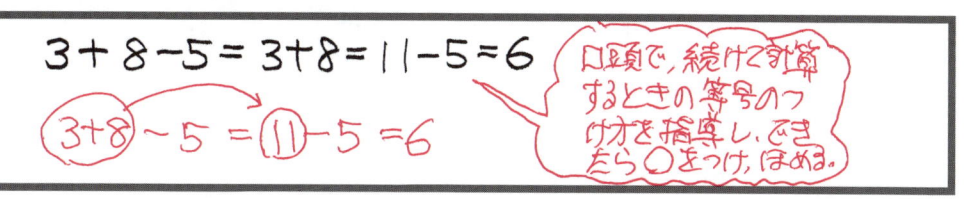

$3 + 8 - 5 = 3 + 8 = 11 - 5 = 6$

$3 + 8 - 5 = 11 - 5 = 6$

口頭で，続けて計算するときの等号のつけ方を指導し，できたら○をつけ，ほめる。

⑧ 必要なときは個別指導の機会を設ける

　ノートのコメントでは，注文や微妙な点で伝わりにくいことがある。必要なこと，特に補充を要することについては，時間をとって個別指導する。

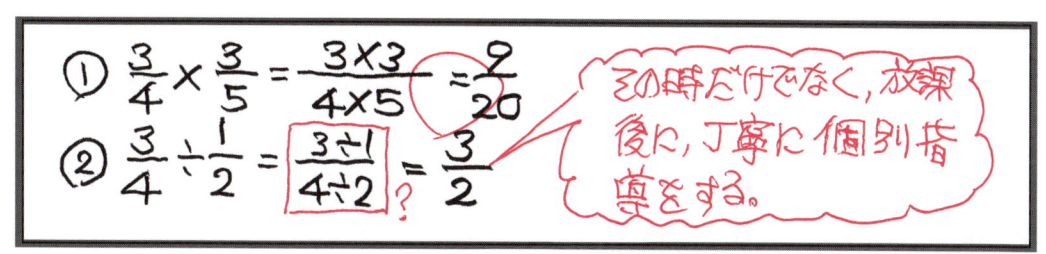

① $\frac{3}{4} \times \frac{3}{5} = \frac{3 \times 3}{4 \times 5} = \frac{9}{20}$
② $\frac{3}{4} \div \frac{1}{2} = \frac{3 \div 1}{4 \div 2} = \frac{3}{2}$

その時だけでなく，放課後に，丁寧に個別指導をする。

6　ノートコンクール

　ノート指導では，口頭で「……のように書きましょう」と繰り返し指導しても効果が現れにくいものである。図画工作科で，よい作品を鑑賞させると，それが契機になって，構想や作品作りによい影響を与えると言われている。これは，ノートの指導にも通じるところがあり，先輩や友達の優れたノート，工夫したノートを紹介し，実物から感じ取らせると効果的である。

① 基本形式に即した例を紹介する

　ノートの書き方は，理屈を言っても書けるようにはならない。第1章の3「標準的なノートの記入例」を参考に，基本形式を紹介して具体的に指導する。

② 工夫した例を紹介する

　ノートの書き方やノートの活用の仕方を実感させるためには，工夫した例を紹介するとよい。それが友達のものであれば関心は高まり効果的である。

③ 発想を生み出したノートを紹介する

　どのようにして解決の仕方を見つけたか，どのように発想したかを書いたノートの例を紹介すると，それを模倣し，やがて自分でできるようになる。

④ 説明がよくできた例を紹介する

　教師は「説明を書いておきましょう」と要求する。しかし子どもはどのように書けばよいか分からない。うまく説明した例を紹介し実感させることが必要である。

⑤ 公平に紹介する

　子どものよい例を紹介すると，特定の子どもに偏りがちである。そこで，なるべく公平に紹介できるように配慮して，自信喪失を招かないようにしたい。

⑥ 先輩のよい例を紹介する

　ノートの書き方のよい例は友達のものだけではない。ときには，先輩児童の例を紹介して刺激を与えることも効果的である。

⑦ ノートコンクールを行う

　時折，「ノートコンクール」と称して，学級全員の子どものノートの展覧会を行うことも面白い。その際は，優劣ではなく，様々なジャンルを作って，どの子どもも「オンリーワン」として輝き，自信を持てるようにすることが重要である。子どもは互いに多くのことを学び取ることができる。

7　自分流の勧め

「守破離（しゅはり）」という言葉がある。武道（や華道，茶道）における教えとして知られている。

（1）　基礎・基本を学ばせる

「守」とは，師から基礎・基本を教わり，素直に学び，理解し，習熟する修行の段階である。

ノートの指導で言えば，ノートの書き方と活用の仕方の基本を子どもにきちんと指導することと意訳することができる。低学年の段階はこれにあたると思われる。

この段階の指導を充実し，ノートの必要性，具体的な書き方，活用の仕方を十分に指導しておくことが大切である。しかし，枠にはめるという考えではなく，「書けない→こう書くといいねと板書で示す→少し書けるようになる→よい書き方が目に付いたらほめる→よい例を紹介する」など，辛抱強く具体的に指導し続けることがポイントである。

（2）　基礎・基本を少し発展させる

「破」とは，師から教わった基礎・基本を理解し，習得できたら，それだけに縛られることなく，基礎・基本を踏まえつつ自分流にできるよういっそう修行に励みなさいということである。

ノートの指導で言えば，少々のはみ出しや自分なりの工夫を認めて，子どもが前向きになるようにすることであるといえよう。これも中学年の段階からである。

（3）　基礎・基本を踏まえた自分流を認める

「離」とは，修行をさらに積んで，師の教えを踏まえつつさらに自分流を極める段階のことである。

ノートの指導で言えば，ノートに書くことの意味や意義を理解し，基礎・基本を踏まえつつ独自の工夫をして，効果的に活用できるようになることである。高学年ではこの段階を目ざした指導をしたい。

8 ノートと学習シートとのかかわり

　原則的に，日常的な学習にはノートの使用を中心とする。これに対して学習シートには次のような使い方がある。

　第一は，グラフや表，図などを用いた問題を板書するのは無理なので，学習シートに印刷して示し，後はノートのように使わせる場合がある。ノートと同じ大きさにしておき，終わったらノートに貼らせるようにする。

　第二は，学習シートを用いて，ノートの使い方・書き方を指導する場合である。典型的な内容と順序，書きぶりを，形式を示し，それに合わせて練習させるのである。学年のはじめや，何か特別に指導したい課題が出たときに行うと効果的である。後から振り返ることができるようにノートに貼らせておく。

　第三は，時間をかけて分析し，授業改善に使いたいときに学習シートを用いる。必要なときはコピーを取り現物は子どもに返却し，ノートに貼らせておく。

　なお，学習シートを，あまりにスモールステップにして，教師がこまごまと指示をしすぎると，それに従って進めれば考えなくても結果を出すことができてしまうので，過保護で誘導的なものは，初期の段階を除いては避けたい。

〈過保護・誘導的な例〉	〈適切と思われる例〉
問題文省略	問題文省略
1　下の数直線に書きましょう。（略） 2　式を書きましょう。（　　　　　） 3　答えはどのくらいになるか見積もりましょう。（　　　　　　　　） 4　次のどのやり方で解決しますか？ ①（　　）図にかいて ②（　　）たし算で ③（　　）分けて計算する ④（　　）そのほか 5　選んだ仕方で解決しましょう。 （以下省略）	1　問題をよく読みましょう。 ①求めることは？（　　　　　） ②分かっていることは？（　　　　） ③今まで学習したことで使えそうなことは？（　　　　　　　　） 2　自分の考えで解決しましょう。 ①式　　　　　　　答え（　　　） ②この式になる理由（　　　　　） 3　どのように考えたのか，説明を書いておきましょう。（　　　　　　　） （以下省略）

第10章

評価の観点「思考・判断・表現」とノート指導のかかわり

　ノートの記録は，観点別学習状況の観点「数学的な考え方」を評価することと大きくかかわってくる。

　そこで，最初に，学習指導要領で強調している体験活動と言語活動の充実について，算数科ではどのように捉えたらよいか考察してみる。

　次に，児童指導要録の評価の観点「思考・判断・表現」と算数科の評価の観点「数学的な考え方」の関連について考察する。

　そして，「数学的な考え方」の捉え方および評価に，ノートをどのように活用したらよいか整理してみたい。

1. 算数科における体験活動と言語活動の関係
2. 「思考・判断・表現」と「数学的な考え方」との関連
3. 数学的な思考力と数学的な表現力との関連

1　算数科における体験活動と言語活動の関係

　現行の小学校学習指導要領（平成20年3月）では，言語活動の充実，理数教育の充実，体験活動の充実などが重視されている。これらについて考察し，ノート指導とのかかわりについても触れる。

（1）　言語活動の充実
　言語は，論理や思考など知的活動だけではなく，コミュニケーションや感性・情緒の基盤でもある。国語科においては，的確に理解し，論理的に思考し表現する能力，互いの立場や考えを尊重し伝え合う能力を育成することやわが国の言語文化に触れて感性や情緒をはぐくむことを重視する（中央教育審議会答申，平成20年1月）。
　算数科においては，「比較や分類，関連付けといった考えるための技法，帰納的な考え方や演繹的な考え方などを活用して説明する」ことが例示され，問題を解決するための方法や考え方などを表現し，それを説明し深めることを求めている（同上）。
　このことが，問題の解決の見通しや，その見通しに沿ってどのようにして解決したか，どのような考え方をしたのかなどをノートに書き，それを基にして学び合うことが主張され，算数科におけるノート指導に工夫が求められるようになったのである。

（2）　理数教育の充実
　知識は進歩し，競争と革新が急速に絶え間なく進み，良質な知識が求められる「知識基盤社会」にあっては，思考力・判断力・表現力など国際的通用性が問われ求められている（同上）。特に，既習事項を活用した思考力，根拠のある判断力，論理的かつ説得力のある表現力が求められている。
　このことが算数科や理科の目標や指導内容，児童指導要録の評価の観点の見直しにつながり，その流れの中で「考える，行う，表現し説明する，それを基にして学び合う，学習したことをまとめる」学習活動が，ノート指導として取り上げられるようになっている。

（3） 体験活動の充実

体験活動は，「自然の偉大さや美しさに出会ったり，文化・芸術に触れたり，広く物事への関心を高め，問題を発見したり，困難に挑戦し，他者との信頼関係を築いて共に物事を進めたりする喜びや充実感を体得することは，社会性や豊かな人間性，基礎的な体力や心身の健康，論理的思考力の基礎を形成するものである（前頁に同じ）」といわれ，特別活動や総合的な学習の時間，キャリア教育などで重視されている。

しかし，実体験や自分でしたことを基にして学習を進めるという意味で，算数科の目標「算数的活動を通して，……」に関連付けて，体験活動すなわち算数的活動を充実する必要がある。

算数的活動や問題解決に関連して，「したことや気付いたこと，考えたこと，感じたことなど」を表現し，それを基にしてさらに深めていくことは，ノート指導とも深くかかわってくる。

（4） 算数科における言語活動と体験活動の関係

言語活動と体験活動を並列にとらえるのは，算数科には適していないというのが筆者の考え方である。そこで，ここでは，算数科における言語活動と体験活動の関係を考察する。あわせて，それとノート指導の関連についても考えてみる。

① 体験の経験化

人間は，日常生活や学習活動の中で多くの体験をしている。この体験を自分自身の考え方や感じ方，生き方などに昇華できない場合は単なる思い出として記憶の片隅にとどまることになる。

ところが，体験を自己とのかかわりで，自分自身の考え方や感じ方，生き方などにかかわって何らかの内面化をすることができたとき，体験は経験化（内面化）されて自分を拓き，発展させるものとなり得る（参考：森有正「生きることと考えること」講談社現代新書，池田久美子「はいまわる経験主義を再評価する」教育哲学研究 1981 年第 44 号，岡本智周「体験を考える」教職研修 2010 年 1 月号）。

② 算数科の体験活動と言語活動

算数科では，体験活動と言語活動の関係は次のように表すことができる。

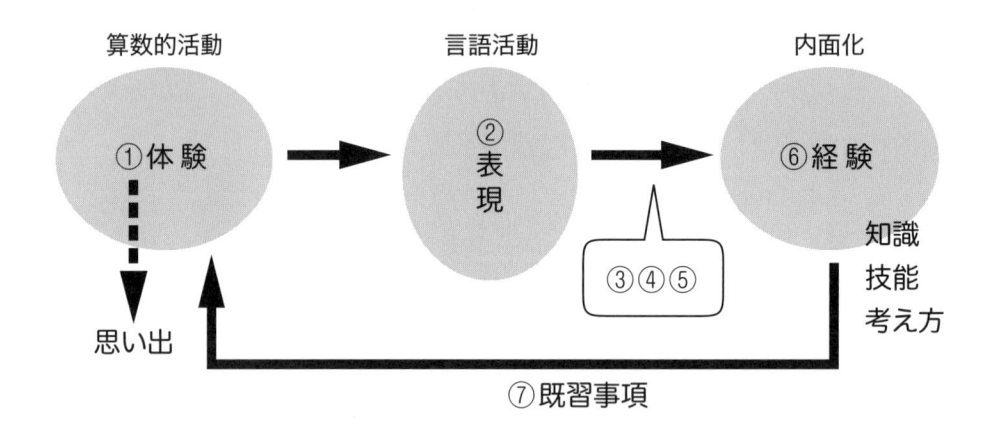

```
      算数的活動           言語活動            内面化

       ①体験      →      ②表現      →      ⑥経 験

        ⋮                                    知識
       思い出                  ③④⑤            技能
         ↑                                    考え方
         └──────────── ⑦既習事項 ────────────┘
```

 上の図を基にして説明すると，①は体験活動すなわち算数科における算数的活動や自力解決に当たる。②は①の自力解決の段階の仕方や考え方や気付きなどをノートに書くことを指す。

 次に③④⑤は知的コミュニケーションを指す。③はペアでの情報交換，④はグループによる情報交換や伝え合い，⑤は学級全体による伝え合い，学び合いである。③→④→⑤の場合もあれば，③→⑤または④→⑤の場合もある。また，高学年などでは直接⑤ということもある。学年の発達段階や学級の実態に応じて選択または組み合わせていく。

 知的コミュニケーションをして学び合ったことは，⑥で学習のまとめをして知識や技能，考え方として内面化（経験または経験化）し，ノートに書かれる。学習のまとめは，意味や性質の理解を促進し定着させ，意味や原理の理解を確かにしアルゴリズムの習得に役立ち，数学的な考え方の基礎を身に付ける上で有用かつ有効である。

 これらは既習事項（⑦）として蓄積されて，次の算数的活動や問題解決に活用されるという関係である。

 以上見てきたように，算数科における体験活動は，主として算数的活動や問題解決とほぼ同じと捉え，言語活動は体験活動において体験したことを経験化する際の表現・知的コミュニケーションと捉えると分かりやすい。

2 「思考・判断・表現」と「数学的な考え方」との関連

　最近の算数科では、以前のように「計算機のようにすばやく計算できるようにする」ことよりも、「問題をどのように解決したらよいか考え、それを表現して振り返り、さらに学び合い・高め合うことのできる」ことを重視するようになってきている。このことは、中央教育審議会答申（平成20年1月）において、「基礎的・基本的な知識・技能を確実に定着させるとともに、数学的な思考力・表現力を高めることや学んで身に付けた算数を生活や学習に活用すること」を重視することになったこと、これを受けて算数科の教科目標の数学的な考え方に当たる部分が「見通しをもち筋道を立てて考え、表現する能力を育てる」と考える能力とともに表現する能力を加えていることからも読み取ることができる。このことが、児童指導要録の評価の観点が、「思考・判断」から「思考・判断・表現」への変更につながった。

	算数科の観点	観点の趣旨
旧児童指導要録 思考・判断 平成14年	数学的な考え方	算数的活動を通して、数学的な考え方の基礎を身に付け、見通しをもち筋道を立てて考える。
新児童指導要録 思考・判断・表現 平成22年	数学的な考え方	日常の事象を数理的にとらえ、見通しをもち筋道立てて考え表現したり、そのことから考えを深めたりするなど、数学的な考え方の基礎を身に付けている。

　つまり、児童指導要録の評価の観点「思考・判断」が、「思考・判断・表現」に変更になったことに伴い、算数科では観点を「数学的な考え方」のままにしたが、観点の趣旨について、「数理的にとらえる」→「見通しをもち筋道を立てて考え」→「表現し」→「そのことから考えを深める」→「数学的な考え方の基礎を身に付ける」と充実させていることが読み取れる。

　このことは、算数科の学習が、主として問題解決学習を通して行われることを想定し、その学習過程に沿って整理し、学習評価が具体的に分かりやすく、行えるようになったことを意味している。また、「そのことから考えを深める」ことは知的コミュニケーションを指していると考えられる。

3 数学的な思考力と数学的な表現力との関連

(1) 数学的な思考力とは

　算数科では，数学的な思考力のことを数学的な考え方というのが一般的である。片桐重男氏（元東京都立教育研究所数学研究室指導主事・文部省（現在の文部科学省）初等中等教育局教科調査官，横浜国立大学名誉教授）によれば，数学的な考え方は次のように整理できる（参考：片桐重男「数学的な考え方とその指導」近代新書昭和46年，片桐重男「数学的な考え方の具体化と指導」明治図書2004年，「算数科の思考力・表現力・活用力」文溪堂2010年）。

Ⅰ　数学的な考え方を生み出す背景となる考え方
　（★は，筆者が加筆，表現力とのかかわりを示す。☆は重視する考え方を指す。）
1．自ら進んで問題や目的・内容を明確にしようとする
　① 疑問の目をもって見る
　② 問題意識をもっている
　③ 生活や社会の中から数学的な問題（課題）を見つけようとする
2．合理的に行動しようとする
　① 目的を捉え，それにあった行動をとろうとする
　② ☆問題に含まれる既知事項や条件，既習事項や既有体験，使える資料や情報，仮定に基づいて考えようとする
　③ 関係付けて捉えようとする
　④ ☆見通しをもつ
　⑤ ☆筋道立てて考えようとする
3．★内容を明確・簡潔に表現しようとする
　① ★図や文，式などに表現しながら解決の手がかりを得ようとする
　② ★解決の仕方や結果を，根拠をあげて明確・簡潔に記録しようとする
　③ ★解決の仕方や結果を，相手に分かりやすく明確・簡潔に伝えようとする
4．よりよいものを求めようとする
　① 思考を対象的思考（具体物や具体的な活動に即した思考）から操作的思考（概念を用いるなど抽象的な思考）へ高めようとする
　② ★自他の思考を交流し，評価し合い，よりよく洗練しようとする

③　思考や労力をなるべく節約しようとする

Ⅱ　数学を創り出す方法に関する数学的な考え方　　（☆印が特に重要）
　（★は筆者が加筆，表現力とのかかわりを示す）
1．☆帰納的な考え方　　2．☆類推的な考え方　　3．☆演繹的な考え方
4．☆統合的な考え方　　5．☆拡張的な考え方　　6．☆発展的な考え方
7．★抽象化の考え方（抽象化，具体化，条件の明確化の考え方）
8．単純化の考え方，理想化の考え方
9．☆一般化の考え方　　10．特殊化の考え方　　11．★記号化の考え方
12．★数量化の考え　　13．★図形化の考え

Ⅲ　数学の内容に関係する数学的な考え方
　（★は筆者が加筆，表現力とのかかわりを示す）
1．式における考え（事柄や関係を式に表したり，逆に式から事柄や関係を読み取ったりする）
2．単位の考え（構成要素・単位の大きさ・何倍や関係に着目する）
3．統計における考え（資料やデータに基づいて傾向を捉えたり判断したり，未測定値や将来の状況を予測したりする）
4．関数の考え（何を決めれば何が決まるかに着目したり，変数間の対応のきまりを見つけたり，それを問題解決に用いる）
5．集合の考え（考察の対象になる集まりに入るものと入らないものを類別したり明確にしたり，その条件を明確にしたりする）
6．★表現の考え（記数法，単位，数直線による数量関係，公式など具体的モデルで表現したり，その表現の約束を活用したりする）
7．操作の考え（数や図形の意味（定義），数えること，計算や測定，作図などの形式的操作の意味（原理）を明らかにし，広げ，それに基づいて考える）
8．アルゴリズムの考え（計算や作図，測定などの原理を理解したうえで，思考・労力を節約し機械的に処理できるように定型化する）
9．概括的に捉える考え（概数や概量，外形で捉えたり，概算や概測，フリーハンドなどによって，方法や結果の見通しを立てたり，過程や結果について確かめをしたりする）
10．基本的性質の考え（基本的な法則や規則性，性質などを求めたり，適切に活用したりする）

（2）　数学的な思考力と数学的な表現力の意味と関係

　中央教育審議会答申（平成20年1月，p83）では，算数・数学の改善の基本方針として，「数学的な思考力・表現力は，合理的，論理的に考えを進めるとともに，互いの知的なコミュニケーションを図るために重要な役割を果たすものである。（略）特に，根拠を明らかにし筋道を立てて体系的に考えることや，言葉や数，式，図，表，グラフなどの相互の関連を理解し，それらを適切に用いて問題を解決したり，自分の考えを分かりやすく説明したり，互いに自分の考えを表現し伝え合ったりすることなどの指導を充実する」と提言している。

　これを受けて改訂された小学校学習指導要領解説算数編（平成20年8月，p4）の基本方針では，「算数の学習では，日常の言語をはじめ，数，式，図，表，グラフなど様々な表現の手段がある。そうした方法を用いて考えたり，自分の考えを説明・表現したりする学習活動を充実させることが大切である」と示している。

　また，目標に関連して考える能力と表現する能力について解説算数編（同，p20）では，「考える能力と表現する能力は互いに補完し合う関係にあるといえる。考えを表現する過程で，自分の良い点に気付いたり，誤りに気付いたりすることがあるし，自分の考えを表現することで，筋道を立てて考えを進めたり，より良い考えを作ったりすることができるようになる」と，その意義を示している。

　そして，さらに，「授業の中では，様々な考えを出し合い，お互いに学び合っていくことができるようになる」と，授業の中での知的コミュニケーションの意義について示している。

　つまり，数学的な表現とは，問題解決に当たって見通しを持ったり，それを基にして筋道立てて考えたりする過程や結果を，言葉や文・文章，数学の用語，数，式，図，表，グラフなど様々な表現の手段を用いてノートなどに表現し，さらにそれを用いて知的コミュニケーションを進めて学び合うということに当たる。

　ノート指導は，「解決すべき問題（課題）の理解と必要な情報の取り出し→解決の仕方を考える→考えを表現する→知的コミュニケーションをする→新しく分かったことのまとめ（知識，技能，数学的な考え方）としての表現」の文脈の中に位置付けることができる。

【著者紹介】

小島　宏（こじま　ひろし）

　1942年東京都三宅島生まれ。東京都荒川区立第一峡田小学校・東京学芸大学附属小金井小学校教諭, 東京都東村山市教育委員会指導主事, 東京都教育庁指導部初等教育指導課指導主事(算数), 東京都立教育研究所主任指導主事(道徳教育, 小・中学校教育), 東京都教育庁指導部主任指導主事(環境教育), 同初等教育指導課長(幼稚園, 小学校), 東京都東村山市立化成小学校長, 東京都立多摩教育研究所長, 東京都台東区立根岸小学校長を経て, 現在, ㈶教育調査研究所研究部長。

　この間, 文部科学省「小学校学習指導要領」「同解説　算数編」作成協力者, 教育課程審議会専門調査員, 東京都教育委員会「東京都公立小学校・学校評価基準」作成委員長などを歴任。

【主な著書】『学校をひらく』(1995, 教育出版), 『授業崩壊』(1998, 教育出版), 『算数科習熟度別学習の実践方式』(2001, 明治図書), 『算数科の授業と絶対評価(学年別全6巻)』(共編, 2002, 教育出版), 『学校の自己点検・自己評価の手引き(小学校版)』(2002, 明治図書), 『校務・服務スタートブック』(編著, 2003, 教育開発研究所), 『授業のなかの評価』(2003, 教育出版), 『小学校少人数指導の評価』(2003, 教育出版), 『算数科の授業づくり』(2003, 教育出版), 『ハンドブック学級経営の悩み相談』(2005, 教育出版), 『算数授業つまずきの原因と支援』(2005, 教育出版), 『ハンドブック学ぶ意欲を高める100の方法』(2006, 教育出版), 『学力向上作戦』(2006, 教育出版), 『早わかり教育のキーワード160』(2008, 学事出版), 『算数科の思考力・表現力・活用力』(2008, 文渓堂), 『学校だより「巻頭言」の書き方&文例』(2009, 学事出版), 『新指導要領を具体化する学校経営計画と教育課程編成』(2010, 学事出版), 『小学校担任がしなければならない評価の仕事12か月』(2010, 明治図書), 『各教科・領域等における道徳教育の進め方の実際』(2010, 教育出版), 『校長・副校長・教頭の実務カレンダー』(2010, 学事出版), 『小学校算数「数学的な考え方を」どう育てるか』(共編 2011, 教育出版), 『小学校学級担任の実務カレンダー』(2011, 学事出版), 『自己申告・授業観察の面談で困ったときに開く本』(2012, 教育開発研究所)

小学校算数
「数学的な考え方」を育てるノート指導術

2012年6月26日　初版第1刷発行
2015年1月31日　初版第3刷発行

　　著　者　小島　宏
　　発行者　小林一光
　　発行所　教育出版株式会社

101-0051　東京都千代田区神田神保町2-10
電話 03-3238-6965　振替00190-1-107340

©H. Kojima 2012　　　　　　　組版・印刷　三美印刷
Printed in Japan　　　　　　　　製本　上島製本
乱丁・落丁本はお取替いたします。

ISBN978-4-316-80360-3